AF814558

Schriften
der Wissenschaftlichen Gesellschaft in Straßburg
16. Heft

Die standesherrliche Schiedsgerichtsbarkeit

Ihre Zulässigkeit und ihre Grenzen im heutigen Rechte

von

Dr. Hermann Rehm
Professor der Rechte an der Universität Straßburg i. E.

Straßburg
Karl J. Trübner
1912

Die standesherrliche Schiedsgerichtsbarkeit

Ihre Zulässigkeit und ihre Grenzen im heutigen Rechte

Denkschrift

im Auftrage des

Vereins der deutschen Standesherren

verfaßt von

Dr. Hermann Rehm

Professor der Rechte an der Universität Straßburg i. E.

Strassburg

Karl J. Trübner

1912

Druck von M. Du Mont Schauberg, Straßburg i. E.

Inhaltsverzeichnis.

Einleitung.

Erster Teil.

Die Zulässigkeit standesherrlicher Schiedsgerichte.

Zweiter Teil.

Die Grenzen standesherrlicher Schiedsgerichtsbarkeit.

Dritter Teil.

Beachtung der Rechtsgrundsätze in den Hausgesetzen.

Einleitung.

§ 1.

Veranlassung der Denkschrift.

In einem Prozesse, der die bayrischen Gerichte beschäftigt, sind grundlegende Punkte des Rechtes der standesherrlichen Schiedsgerichtsbarkeit streitig geworden. Das hat dem Vereine der deutschen Standesherren die Anregung dazu gegeben, die Fragen wissenschaftlich untersuchen zu lassen. Das Ergebnis ist diese Denkschrift.

Sie behandelt die Rechtsgiltigkeit der standesherrlichen Schiedsgerichte unabhängig von dem Prozesse. Immerhin ist er kurz zu erwähnen. Seinen Gegenstand bildet eine Klage, die Graf Wolfgang von Castell-Rüdenhausen, geb. 22. Juni 1875, seine Frau, eine geborene Freiin von Faber, und seine Kinder aus der Ehe gegen den Fürsten zu Castell-Castell erhoben haben und in der sie Feststellung der Standesmäßigkeit der Frau und Verurteilung zur nachträglichen Erteilung des Ehekonsenses verlangen. Der Beklagte erhob die prozeßhindernde Schiedsgerichtseinrede aus ZPO. § 274 Z. 3. Das Casteller Hausgesetz von 1861 Art. 47 bestimme: im Falle die Häupter die Einwilligung unbillig verweigern, kann auf ein Schiedsgericht, jedoch nur aus Standesgenossen, angetragen werden. So wurde eine ganze Reihe standesherrliches Schiedsgericht und Zivilprozeßordnung betreffender Fragen aufgeworfen. Mit ihnen beschäftigten sich nicht nur Parteischriftsätze und Urteile, sondern auch Gutachten von Rechtsgelehrten (Wach, Piloty, Oertmann, Anschütz, Oberlandesgerichtsrat Theod. Engelmann in München)[1]), alle durch den klägerischen Anwalt eingeholt. So sehr sie auch im Einzelnen von einander abweichen, halten die Gutachten doch sämtlich die Einrede für unstatthaft. Die Urteile haben sie bis jetzt für zulässig erklärt, sowohl das Urteil des Würzburger Landgerichts vom 27. Dezember 1910, wie das Urteil des Oberlandesgerichts Bamberg vom 11. November 1911. Gegenwärtig schwebt der Rechtsstreit bei dem bayerischen Obersten Landesgerichte als Revisionsinstanz. Vor Beginn des Jahres 1913 gelangt er kaum zur Erledigung.

---

[1]) Die Gutachten von Wach, Piloty, Anschütz, Engelmann sind als Manuskript gedruckt.

§ 2.

Der Begriff Schiedsgericht.

Auf die Geschichte der standesherrlichen Schiedsgerichtsbarkeit als solche gehen wir nicht ein. Das geltende Recht ist ohne derartigen geschichtlichen Rückblick erklärbar. Außerdem hat die geschichtliche Entwicklung erst vor wenigen Jahren von Edg. Löning in der für den Verein der deutschen Standesherren verfaßten Denkschrift über „Die Autonomie der standesherrlichen Häuser Deutschlands nach dem Rechte der Gegenwart“ (1905) eine bündige Darstellung erhalten.

Was das geltende Recht angeht, so nehmen wir vom Begriffe Schiedsgericht unseren Ausgang. Schiedsgericht ist jedenfalls ein Gericht aus Standesgenossen oder Vertrauensmännern. Im Übrigen hat das Wort im geltenden Rechte zwei Bedeutungen. Einmal bedeutet es ein Gericht, das nicht im Namen der Obrigkeit entscheidet, also ein Privat-Schiedsgericht. Das andere Mal ist darunter ein öffentliches Gericht gemeint, also eines, das im Namen des Staates urteilt. Dort fungieren die Richter als Privatpersonen, hier als Staatsorgane. Dort entscheiden die Vertrauensleute als Privat-, hier als öffentliche Richter. Solche öffentliche Schiedsgerichte waren die für Arbeitsversicherung und sind z. Z. noch die Knappschaftsschiedsgerichte usw.

Beide Arten von Schiedsgerichten hat es früher auch für den hohen Adel gegeben. Öffentliches, im Namen des Reiches entscheidendes Schiedsgericht, Reichsgericht erster Instanz für die Reichsunmittelbaren waren die Austräge (Stammes-, Familien-Austräge); privates Schiedsgericht waren die gemeinen Schiedsgerichte, wie sie für jedermann möglich sind, die Kompromißgerichte.

Beide Arten haben z. B. die Erneuerten Familienpakten des fürstlichen Hauses Fürstenberg vom 4. August 1755 im Auge, wenn sie in Art. 46 bestimmen:

„Woferne aber zum Sechs-und vierzigsten wider besseres Verhoffen zwischen Unseren Erben und Nachkommen in ein- und anderen dahier exprimierten oder nicht exprimierten Punkten und Artikulen, wie sie Namen haben mögen, Spenn und Strittigkeiten entstehen sollten, so wollen Wir Unsere Erben und Nachkommen dahin verbunden haben, dass, im Falle dieselbe sich selbsten nicht vergleichen könnten, sothane Spenn und Strittigkeiten, die über diese Unsere Verordnung und deren eigentlichen Verstand gegen Vermutung erreget werden, oder in anderen Dingen Differenzien und Mißhelligkeiten fürfallen möchten, vor einen Fürsten und zwei Grafen von den vorsitzenden Bänken in Schwaben gebracht, durch diese die gütliche Auskunft nochmalen tentiret, in deren Unverfang aber entweder ein ordentliches Compromiss auf dieselbe cum renuntiatione omnis remedii suspensivi et cuiuscumque provocationis veranlasset oder aber in dessen Entstehung die Sach durch den gemeinen Weg Rechtens entschieden werden solle."

Das heißt: die Mitglieder des Hauses Fürstenberg haben die Pflicht, Streitigkeiten dadurch zu erledigen, daß sie ein Kompromiß, d. h. gewisse Privatrichter zur Fällung eines Schiedsspruches veranlassen; kommt dieser Schiedsspruch nicht zustande, so ist der Streit auf dem gemeinen Wege d. h. auf dem durch das gemeine Recht, nämlich die Reichskammergerichts-Ordnung von 1495 vorgesehenen Wege des öffentlichen Schiedsgerichts, der Austräge, zu Ende zu bringen.

Bei den Abschriften der Familienpakten von 1755 ist, wie üblich war, der Inhalt der langatmigen Vorschriften der einzelnen Artikel am Rande kurz zusammengefaßt. Da heißt es zu Artikel 46:

„Wenn Streitigkeiten in der Familie entstehen, so sollen dieselben, falls sie nicht in Güte beigelegt werden können, vor einen Fürsten und zwei Grafen von den vorsitzenden Bänken in Schwaben zur gütlichen Ausgleichung gebracht und im Falle der Erfolglosigkeit entweder ein Schiedsspruch veranlaßt oder, wenn ein solcher nicht zustande kommt, der Austrag auf dem gemeinen Rechtswege erwirkt werden."

Das öffentliche Schiedsgericht fällt ein Urteil, keinen Schiedsspruch. Gut war es daher im alten Reichsrecht als Austrägalinstanz, instantia austrägalis bezeichnet. Das Kompromißgericht ist keine Instanz.

Auch in der Literatur des alten Rechtes tritt der Gegensatz klar hervor. So in J. F. Malblanks: „Anleitung zur Kenntnis der deutschen Reichs- und Provinzial-Gerichts- und Kanzleiverfassung und Praxis", 4. Teil, 1795. In der Lehre von der Austrägalinstanz S. 452, 453, 530, 548 wird darauf hingewiesen, wie „mit einer kaiserlichen Kommission versehene Austräge von anderen gemeinen Kompromißrichtern oder kaiserlich nicht bestätigten vertragsmäßigen Austrägen in mancherlei Stücken sehr verschieden sind" (S. 530). Das will sagen: im weiteren Sinne sind alle Schiedsgerichte Austräge, jeder Schiedsrichter Austräger; die Sache wird durch ihn zum Austrag, zur Erledigung gebracht; aber sollen sie öffentliches Schiedsgericht, Austrägalinstanz sein, so bedürfen sie eines kaiserlichen Auftrags (Kommission); der Kaiser muß ihnen seine Gerichtsbarkeit delegieren; sie sind dann kaiserliche Commissarii (S. 528). Die Austrägalinstanz „besteht in einer eigentlichen delegierten Gerichtsbarkeit" (S. 452). Die anderen sind „gemeine Schiedsrichter" (S. 452).

Die Reichsjustizgesetze sprechen von den Austrägen an Einer Stelle, im EG. z. GVG. Art. 7. Gemeint sind damit die Austräge im engeren Sinne, das öffentliche Schiedsgericht, das Austrägalgericht. Aufrechterhalten wird dieses Recht auf Befreiung von den ordentlichen Gerichten soweit, als es bei Einführung des RGVG. landesgesetzlich für Strafsachen gewährt war. Für Zivilsachen ist es nicht aufrechterhalten [1]). Ich verweise in dieser Hinsicht auf die Beweisführung Labands in seinem Staatsrechte des deutschen Reiches § 84, 4. Aufl., Bd. III, S. 371. Wenn also für die Standesherren noch besondere Entscheidungsorgane in bürgerlichen Rechtsstreitigkeiten statthaft sein sollen, so ist es nur in der Rechtsform des privaten Schiedsgerichts möglich.

So entsteht die Frage nach der Zulässigkeit standesherrlicher Privatschiedsgerichte in Zivilsachen.

---

[1]) Nur auf die öffentlichen Schiedsgerichte in Zivilsachen bezieht sich die preuß. Instruktion v. 30. Mai 1820 § 16; abw. zu unrecht D. Goldschmidt, Sonderstellung der Mediatisierten in Preußen, 1909, S. 145. Vergl. Löning a. a. O. S. 148 ff.

Erster Teil.

Die Zulässigkeit standesherrlicher Schiedsgerichte.

§ 3.

Arten der Schiedsgerichte.

So viel steht fest: Wenn die mediatisierten Familien über diesen Gegenstand Autonomie besitzen, so gehen diese autonomischen Rechtssätze der ZPO. nicht vor. Die standesherrlichen Häuser können für ihre Güter und Familienverhältnisse ein dem Reichsrechte vorgehendes Privat-, aber kein ihm vorgehendes Prozeßrecht schaffen. Im EG. z. ZPO. fehlt eine dem Art. 58 des EG. z. BGB. entsprechende Vorschrift. Wohl steht im EG. z. ZPO. Art. 5: „In Ansehung der Landesherren und der Mitglieder der landesherrlichen Familien finden die Vorschriften der ZPO. nur insoweit Anwendung, als nicht besondere Vorschriften der Hausverfassungen ..... abweichende Bestimmungen enthalten", aber vergeblich suchen wir den Rechtssatz: „Das gleiche gilt für die standesherrlichen Häuser" oder wenigstens die Bestimmung: „in Ansehung der Familienverhältnisse und Güter der mediatisierten Geschlechter bleiben die Normen der Hausverfassungen unberührt". Die Reichsjustizgesetze erhalten aufrecht ein vorgehendes Fürstenprivatrecht, aber kein vorgehendes Fürstenprozeßrecht. Prozeßrechtsautonomie im Gegensatz zur Zivilrechtsautonomie besitzen die standesherrlichen Familien bloß im Rahmen der Reichsjustizgesetze, nicht contra, sondern nur intra und praeter legem imperii. Ein dem Reichsrechte widersprechendes Sonderprozeßrecht vermögen sie nicht zu schaffen. Zutreffend bemerkt Edg. Löning a. a. O. S. 152: Der Vorbehalt des Art. 58 erstreckt sich nur auf die Gebiete des bürgerlichen Rechts.

Die Geschlechter des standesherrlichen Hochadels können Schiedsgerichte somit nur errichten, wenn es die ZPO. zuläßt.

Die ZPO. kennt zwei Entstehungsgründe für Schiedsgerichte:

1. Die Vereinbarung, daß die Entscheidung der Streitigkeit durch Schiedsrichter erfolgen soll (§ 1025);

2. Die nicht auf Vereinbarung beruhende Verfügung, durch die das Schiedsgericht angeordnet wird (§ 1048).

Die Arten des Schiedsgerichts der ZPO. sind also das vereinbarte und das angeordnete oder verfügte Schiedsgericht. Das eine setzen sich die Streitsteile, das andere wird ihnen gesetzt.

§ 4.

Die Wirkung des Schiedsweges.

Was bedeutet der Schiedsgerichtsweg im Sinne des ZPO. im Verhältnis zum ordentlichen Rechtswege?

I. Die ZPO. läßt den Streitsteilen nicht die Wahl zwischen Schiedsweg und Rechtsweg. Sie handelt nicht von den Fällen, wo der eine Teil, wenn er den anderen Teil verklagen will, den einen oder anderen Weg betreten kann. Sie ordnet nicht die Frage des Rechtes, sondern die der Pflicht zum Betreten des Schiedsweges. Sie spricht von der Vereinbarung, daß die Entscheidung durch Schiedsrichter erfolgen „soll", und von der Verfügung, durch die das Schiedsgericht „angeordnet" wird. Sie handelt vom obligatorischen Schiedsgerichte. Die Vereinbarung, daß die Entscheidung durch Schiedsrichter erfolgen soll, ist die Vereinbarung, daß sie nicht durch Richter erfolgen darf. Wer die Entscheidung durch Schiedsrichter anordnet, verbietet die Entscheidung durch Richter. Die Wirkung des vereinbarten wie des angeordneten Schiedsgerichtes im Sinne des ZPO. ist also Ausschluß des Gerichtsweges. Wer ein Schiedsgericht vereinbart, verzichtet auf den Rechtsweg. Wem ein Schiedsgericht vorgeschrieben ist, der darf nicht den Rechtsweg betreten.

Ein anderes läßt sich keineswegs daraus schließen, daß auf die Schiedsgerichtseinrede verzichtet werden kann. Daß die Schiedsgerichtseinrede verzichtbar ist, darüber besteht eine einheitliche Meinung, sowohl was das vereinbarte wie was das angeordnete Schiedsgericht angeht. Ich verweise in dieser Hinsicht nur auf Seuffert, Kommentar zu ZPO. 11. Aufl. (1910) zu § 274 Anm. 10 und auf Schloßmann, der in einem Aufsatze in Jherings Jahrbüchern für die Dogmatik des bürgerlichen Rechts Bd. 37 (1897) S. 323 dies insbesondere für die letztwillige Schiedsgerichtsklausel nachgewiesen hat. Allein daraus, daß der eine Teil auf das Recht verzichten kann, von der anderen Partei zu verlangen, daß sie im Schiedswege verklagt, folgt doch nicht, daß dieser Teil ein Recht, vor dem Schiedsgericht verklagt zu werden, gar nicht besitzt. Der Verkäufer kann den Kaufpreis erlassen; daraus folgt keineswegs, daß er ein Recht auf den Kaufpreis gar nicht besaß.

II. A) Nun wurde aber behauptet: diese Wirkung „Ausschluß des Rechtsweges" kann die Schiedsgerichtsklausel vielleicht haben, wenn sie auf Vereinbarung beruht; dagegen ist es schlechterdings unmöglich, wenn das Schiedsgericht angeordnet ist; denn dann entzieht sich die Partei nicht dem ordentlichen Richter, sondern sie wird ihm ohne ihren Willen entzogen und das GVG. § 16 bestimmt: „Ausnahmegerichte sind unstatthaft. Niemand darf seinem gesetzlichen Richter entzogen werden". Man sagt: indem die Partei einen Schiedsrichter anrufen muß, wird sie vor einen anderen als ihren gesetzlichen Richter gestellt.

Hiegegen ist zunächst zu bemerken: die Vorschrift von GVG. § 16 betrifft nur den Fall, daß Jemand Beklagter oder Angeklagter ist, nicht aber den Fall, daß Jemand gezwungen ist, seine Klage vor einem anderen Organ als dem gesetzlichen Richter zu stellen. Ein solcher wird nicht seinem gesetzlichen Richter entzogen, sondern nur gezwungen, nicht vor den gesetzlichen Richter zu ziehen.

Aber selbst, wenn auch dieser Fall von dem Paragraphen mit getroffen sein sollte, so wäre noch zu sagen: der ganze Paragraph bezieht sich gar nicht auf die Aburteilung durch Schiedsrichter, sondern nur auf die Aburteilung durch Richter. Dies ergibt Satz 3 des Paragraphen: „Die gesetzlichen Bestimmungen über Kriegsgerichte und Standrechte werden davon nicht berührt". Satz 2 bildet nur einen Wechselausdruck für Satz 1: Ausnahmegerichte sind unstatthaft. Der ganze Paragraph hat lediglich die Ausnahme*gerichte* im Auge. Der Satz bedeutet nur: der Untertan hat den Rechtsanspruch, nicht einem anderen *Richter* als dem nach Reichsgesetz für ihn zuständigen unterstellt zu werden. Gedacht ist vor allem an den politischen Verbrecher. Er braucht sich nicht gefallen zu lassen, daß er durch Landesgesetz oder Verwaltungsakt vor einen Ausnahme*richter* gestellt wird. Der Schiedsrichter ist gar nicht in Betracht gezogen. Er ist kein Richter im Sinne dieses Gesetzes. Er hat im Sinne von GVG. § 1 keine richterliche Gewalt. Der Schiedsrichter ist kein unabhängiges, nur dem Gesetze unterworfenes Gericht. Die Schiedsrichter werden im Zweifel von den Parteien ernannt (§ 1028). Ihr Verfahren bestimmen die den Schiedsvertrag Vereinbarenden oder der das Schiedsgericht Anordnende. Unterlassen diese solche Bestimmung, so bestimmt nicht das Gesetz, sondern das Schiedsgericht selbst nach freiem Ermessen sein Verfahren (§ 1034). Das Gericht im Sinne des GVG. wird nur mit Richtern besetzt. Die Vorschriften über die Befähigung zum Richteramt gelten nicht auch für die Schiedsrichterstellen. Also ist das Schiedsgericht kein Ausnahmegericht.

Indessen sogar in dem Falle, daß der Satz: „Niemand darf seinem gesetzlichen Richter entzogen werden" keinen Wechselausdruck für Satz 1: „Ausnahmegerichte sind unstatthaft" darstellt, ist Satz 2 auf unsere Frage unanwendbar.

Dem Wortlaute nach ließe sich behaupten: durch Unterwerfung unter ein Schiedsgericht wird man seinem gesetzlichen Richter entzogen. Allein dieses Entziehen braucht deshalb noch nicht unter allen Umständen unstatthaft zu sein. Unzulässig ist es nicht, wenn ein Reichsgesetz es ausnahmsweise erlaubt. Ein Privatmann, ein Landesgesetz, ein Reichsverwaltungsorgan kann keine Ausnahme gestatten, aber ein Reichsgesetz vermag es. Ein solches Reichsgesetz wäre die ZPO. Sie bezieht sich auf die nämliche Materie wie das GVG. Das GVG. findet nach § 2 seines EG. Anwendung auf die ordentliche streitige Gerichtsbarkeit und bestimmt, daß die bürgerlichen Rechtsstreitigkeiten vor die ordentlichen Gerichte gehören. Die ZPO. gilt § 3 ihres EG. zufolge für alle bürgerlichen Rechtsstreitigkeiten, die vor die ordentlichen Gerichte gehören. Wenn daher die ZPO. verfügt: gewisse Streitigkeiten sollen nicht vor die ordentlichen Gerichte gehören, so gilt dasselbe für das GVG. Die Rechtsstreitigkeiten sind dann nicht unzulässigerweise den ordentlichen Gerichten entzogen.

B) Wir gelangen zu einem anderen Einwande. Es wurde gesagt: die Anordnung eines Schiedsgerichtes kann die Wirkung des Ausschlusses vom ordentlichen Rechtswege wegen EVG. § 13 nicht haben. Dort sei bestimmt: „Vor die ordentlichen Gerichte gehören alle bürgerlichen Rechtsstreitigkeiten". Also dürfe den ordentlichen Gerichten keine solche Streitigkeit entzogen werden. Sie werde ihnen entzogen, wenn den Parteien der Rechtsweg verschlossen werde. Demgemäß könne „angeordnetes Schiedsgericht" lediglich bedeuten: der Kläger solle die Wahl zwischen Schieds- und ordentlichem Gerichte haben.

Nicht zurückgewiesen darf dieser Einwand mit dem Satze werden: bürgerliche Rechtssachen gehörten dann nicht vor das ordentliche Gericht, wenn besondere Gerichte reichsgesetzlich dafür bestellt oder zugelassen seien; die Schiedsgerichte seien solch zugelassene Sondergerichte. Das Schiedsgericht kann kein besonderes Gericht im Sinne von GVG. § 16 sein; denn es ist im Sinne des GVG. überhaupt kein Gericht. Es hat keine richterliche Gewalt. Gerichtszwang steht ihm nicht zu. Zeugen und Sachverständige dürfen die Schiedsgerichte nur vernehmen, wenn diese freiwillig vor ihnen erscheinen (§ 1035). Beeidigen können sie sie nicht. Auch einen Parteieid dürfen sie nicht abnehmen (§ 1035). Zu richterlichen Handlungen ist der Schiedsrichter grundsätzlich nicht befugt (§ 1036).

Die Gründe, aus denen der Einwand unhaltbar ist, sind andere. Vor allem müßte dasselbe dann auch für das vereinbarte Schiedsgericht gelten. Von jeher galt aber für den Schiedsvertrag der Satz, er bedeute, wenn nicht anderes vereinbart ist, nicht bloß: der Kläger habe die Wahl zwischen Schiedsweg und Rechtsweg, sondern: er müsse den Schiedsweg wählen. Die Wirkung des giltigen Schiedsvertrages ist, daß für die betreffende Sache die staatliche Gerichtsbarkeit ausgeschlossen ist. Zu allen Zeiten hat man das Kompromiß dahin definiert, es sei der Vertrag, durch den zwei Privatpersonen übereinkommen, den Rechtsstreit statt vor dem ordentlichen Richter von einer Privatperson entscheiden zu lassen. „Das Kompromiß, sagt Bornhak in einer Studie über Schiedsvertrag und Schiedsgericht nach geschichtlicher Entwickelung und geltendem Rechte in der Zeitschrift für Deutschen Zivilprozeß Bd. 30 (1902) S. 29, ist ein Vertrag, durch den die Parteien sich verpflichten, ein Recht nur vor dem Schiedsrichter geltend zu machen."

Dazu kommt ein anderer Unrichtigkeitsgrund, derselbe, der gegen die Anwendung von GVG. § 16 zu erheben war. Die Vorschrift, daß alle bürgerlichen Rechtssachen vor die ordentlichen Gerichte gehören, kann nicht nur vom GVG., sondern auch von anderen Reichsgesetzen Ausnahmen unterworfen werden. Als solches Reichsgesetz ist besonders die ZPO. zu denken, da sie das Verfahren in bürgerlichen Rechtsstreitigkeiten ordnet. Wenn dieses Gesetz bestimmt: für gewisse Rechtssachen ist das ordentliche Gerichtsverfahren ausgeschlossen, so bildet dies eine zulässige Einschränkung. Die Ausnahmen, die GVG. § 13 selbst macht, sind nicht erschöpfend. Die ZPO. gestattet gemäß ihrer Paragraphen §§ 1025 und § 1048 die Einrede, daß die Entscheidung durch Schiedsgerichte zu erfolgen habe. Dies ist der gemeinsame Inhalt von § 1025 und § 1048. Das heißt aber doch: nicht durch Richter erfolgen dürfe. Also Ausschluß des Rechtsweges.

C) Ganz abwegig ist eine letzte Einwendung: Wenn ein Schiedsgericht, gleichgiltig aus welchem Grunde — z. B. weil alle Angegangenen die Annahme des Schiedsrichteramtes verweigern —, nicht zustande kommt, tritt das gerichtliche Verfahren ein; also kann es durch die Anordnung des Schiedsgerichts nicht ausgeschlossen gewesen sein. Ausschluß des Rechtsweges bedeutet im Verhältnis zur Schiedsgerichtsbarkeit keineswegs Vernichtung der Zuständigkeit des Gerichtes und der Zulässigkeit des Rechtsweges, sondern nur Aussetzung des Gerichtsweges für den Fall, daß das Schiedsgericht zu stande kommt und die Vereinbarung über das Schiedsgericht oder die Anordnung des Schiedsgerichts nicht außer Kraft tritt. Die obligatorische Schiedsklausel besagt lediglich: der Teil, der klagen will, hat die Pflicht, zunächst die Sache im schiedsrichterlichen Verfahren zu erledigen. Definitive Vernichtung des Rechtsweges liegt darin nicht, kann doch auch auf die Schiedseinrede verzichtet werden.

Ausschluß des Rechtsweges bedeutet: der Kläger darf sich nicht von vorneherein an den Richter wenden.

Eine verschiedene Bedeutung kann die Schiedsgerichsklausel, je nachdem sie eine vereinbarte oder eine angeordnete ist, überdies aber schon aus dem Grunde nicht haben, weil die ZPO. der obligatorischen Schiedsgerichtsklausel dieselbe Wirkung beilegt, mag sie auf Vereinbarung oder auf Anordnung beruhen.

Würde die Klausel nicht bedeuten: die Partei darf zuerst nur den

Schiedsrichter anrufen, so könnte der Gesetzgeber die Einrede, die sich darauf stützt, nicht zu einer prozeßhindernden machen. Denn prozeßhindernde Einrede heißt: der Richter hat die Verpflichtung, das Verlangen auf eine Entscheidung über das materielle Recht abzuweisen; er muß die Sache von sich wegweisen, den Rechtsweg für die Sache ausschließen. Diese Pflicht legt die ZPO. dem Richter gegenüber jeder Einrede, daß die Entscheidung durch Schiedsrichter zu erfolgen habe, auf, also auch gegenüber der Einrede, die sich auf die Anordnung eines Schiedsgerichtes stützt.

Wie der fertige Schiedsspruch bedeutet: ein Richter darf darüber nicht noch einmal entscheiden, so bedeutet die Schiedsgerichtseinrede, der Richter darf darüber von vorneherein nicht entscheiden; der Kläger hat nicht das Recht, von einem Richter die Entscheidung zu fordern.

§ 5.

Die rechtliche Natur der Schiedsgerichtsklausel.

I. Man könnte versucht sein, zu sagen: weil das Wesen der Klausel darin besteht, daß unter Ausschluß des Richters entschieden werden soll, ist die Vereinbarung und Anordnung, daß die Entscheidung an Stelle von Richtern durch Schiedsrichter zu erfolgen habe, prozeßrechtlicher Natur[1]). Man könnte sagen wollen, es wird hier nichts über das materielle Rechtsverhältnis, sondern über das Verfahren bestimmt. „Der Schiedsvertrag, bemerkt Bornhak a. a. O. S. 1, ist kein Vertrag über das streitige Rechtsverhältnis, sondern über die Geltendmachung des streitigen Rechts.“ Und es scheint für die Richtigkeit der Annahme einer prozeßrechtlichen Natur auch ein Analogon vorzuliegen, die Vereinbarung über den Gerichtsstand. Sie bezieht sich auf den Prozeß. Sie ist „Vereinbarung über die Zuständigkeit der Gerichte“. „Als eine auf den Prozeß bezügliche Rechtshandlung“, lesen wir bei Seuffert a. a. O. zu § 38, kann die Vereinbarung nur von einer prozeßfähigen Partei usw. geschlossen werden.

Allein darum, weil die Vereinbarung oder Anordnung der Schiedsklausel sich auf den Prozeß bezieht, ist sie noch kein prozeßrechtliches Rechtsgeschäft. Das Rechtsverhältnis zwischen Parteien, die über ein Zivilrechtsverhältnis in Streit geraten, ist ein Verhältnis zwischen Privaten, somit bürgerlichrechtlich. Im Verhältnis der Parteien unter einander ist die Geltendmachung oder Ausübung eines Privatrechtes so gut zivilrechtlicher Art, wie die Entstehung und Veränderung desselben. Die Geltendmachung im Prozesse ist im Verhältnis der Parteien nur eine Art der Geltendmachung gegen den anderen Teil. Wer sein Recht durch Prozeß geltend macht, macht es geltend gegen die andere Partei, somit gegen eine Privatperson.

[1]) So Goldschmidt a. a. O. S. 146; J. Altenrath, Grundlage und Wirkung des Schiedsspruches (Jen. Diss.) 1907 S. 61.

Wäre die Vereinbarung über den Gerichtsstand kein privatrechtliches Geschäft, so könnte die Vereinbarung nicht schon vor Eröffnung des Prozesses, für den Fall, daß die Teile in Streit geraten, abgeschlossen werden. Der Vertrag ist in der ZPO. bloß geregelt, weil er mit dem Prozeßrechte zusammenhängt. Dadurch wird er selbst nicht prozeßrechtlicher Natur, gerade so wie auch staatsrechtliche Handlungen, die im BGB. wegen ihres Zusammenhangs mit dem Zivilrechte geregelt sind, dadurch keineswegs ihr staatsrechtliches Wesen einbüßen. Die Ehelichkeitserklärung ist eine Verfügung der Staatsgewalt, keine privatrechtliche Handlung, ebensowenig die Zustimmung des Vormundschaftsgerichtes, die Trauungserklärung des Standesbeamten.

Die Vereinbarung des Gerichtsstandes ist deshalb ein privatrechtlicher Vertrag. Mit Recht bemerkt Seuffert a. a. O.: „Als Vertrag steht die Vereinbarung unter den Regeln des bürgerlichen Rechts". Die Vereinbarung ist ein Vertrag des bürgerlichen Rechts, an den sich öffentlichrechtliche Wirkungen knüpfen, gerade so wie bei der Ehelichkeitserklärung der Antrag des Vaters privatrechtlich, die Verfügung der Staatsgewalt öffentlichrechtlich ist.

Ist die Vereinbarung des Gerichtsstandes zivilrechtlich, so ist es um so mehr der Vertrag, daß der Richter nicht angerufen werden soll. Im Verhältnis der Parteien unter einander ist er ein Vertrag über Ausübung des Rechtes gegen die andere Partei. Er ist die Vereinbarung, das Recht nicht vor Gericht geltend zu machen. Im Verhältnis der Parteien unter einander betrifft die Vereinbarung eine Rechtsbeziehung zwischen ihnen. Die bürgerliche Rechtsstreitigkeit ist doch kein Streit Privater mit dem Gerichte, sondern mit einander.

Die Parteien können auch vereinbaren, daß sie ihr Recht gar nicht zur Entscheidung bringen, weder vor Richter noch vor Schiedsrichter. Die Vereinbarung, daß ein Vertrag unanfechtbar sein soll, ist auch ein Vertrag über Geltendmachung des Rechts gegen den anderen Teil. Sie ist Verzicht auf Geltendmachung. Sie ist gewiß privatrechtlich. Jede Beziehung zum Gerichte fehlt. So gut der völlige Verzicht auf Geltendmachung privatrechtliches Wesen besitzt, so gut hat es auch der Verzicht auf Geltendmachung bestimmter Art. Niemand zweifelt, daß ein Vergleich über ein bürgerlichrechtliches Verhältnis ein Privatrechtsvertrag ist. Durch Vergleich wird Streit beseitigt. Der Vertrag, durch den ein Rechtsverhältnis für unanfechtbar erklärt wird, beseitigt die Möglichkeit eines Streites. Der Vertrag, der die Möglichkeit des Streites aufhebt, kann keine andere rechtliche Natur besitzen, als der Vertrag, der den entstandenen Streit beseitigt.

Ist die Vereinbarung, daß ein Rechtsverhältnis gar nicht anfechtbar sein soll, zivilrechtlich, so ist es auch die Vereinbarung, daß es lediglich vor dem Schiedsrichter angefochten werden darf. Der Schiedsvertrag verbietet den Parteien, den öffentlichen Richter gegen die andere Partei anzurufen. Er ist ein Vertrag also zwischen Privatpersonen. Mit dem Reichsgerichte (EiZ. 10, 367 f.) ausgedrückt: die Einrede des Schiedsvertrages gehört dem materiellen Rechte an. Somit dem Privat-, nicht dem Prozeßrechte. Deshalb ist sie auch verzichtbar. Nur im Interesse der Privatpersonen, nicht in dem des Staates besteht sie. Vgl. Schloßmann a. a. O. S. 303. Der Vertrag ist privatrechtlich. Er hat nur öffentliche Wirkung; die Befassung des Richters mit der materiellen Entscheidung wird ausgeschlossen. Gerade so, wie umgekehrt sich an den öffentlich-rechtlichen Vorgang der Ehelichkeitserklärung die privatrechtliche Wirkung knüpft, daß das Kind ehelich wird.

Der zivilistische Charakter des Schiedsvertrages wird auch nicht unmöglich gemacht durch den Satz: vor die ordentlichen Gerichte gehören alle bürgerlichen Rechtsstreitigkeiten. Das heißt keineswegs: also können Privatpersonen nicht bestimmen, daß sie nicht davor gehören. Durch die Vorschrift ist weder die Verabredung, daß das Rechtsverhältnis ganz unanfechtbar, noch die Vereinbarung, daß es nicht vor dem ordentlichen Richter anfechtbar sein soll, ausgeschlossen. GVG. § 13 ist nur eine organisatorische Vorschrift; er betrifft bloß das Verhältnis der ordentlichen Gerichte zu anderen öffentlichen Organen, nicht das Verhältnis von Gericht, also Staat, zum Individuum. § 13 gibt den ordentlichen Gerichten den Anspruch, daß nicht andere Staatsorgane die Entscheidung an sich ziehen. Einen Anspruch, daß der Streit überhaupt an Entscheidungsorgane gelangt, verleiht er dem Gerichte keineswegs. § 13 bedeutet bloß: wenn der Streit durch öffentliche Entscheidungsorgane ausgetragen werden soll, so ist dazu das ordentliche Gericht, nicht das Sondergericht oder die Verwaltung zuständig.

Die bürgerlichrechtliche Natur des Schiedsvertrages wird auch von der ZPO. bestätigt. § 1027 lautet: „Ist nach den Bestimmungen des bürgerlichen Rechts ein mündlich geschlossener Schiedsvertrag giltig, so usw.“ Sie geht somit davon aus, daß der Vertrag dem Zivilrechte angehört. Anderes ist auch nicht Rechtens, soferne in den Zivilprozeßgesetzen selbst die Form des Schiedsvertrages bestimmt wird: Code de procédure civile 1005; österr. ZPO. § 577; bayr. AG. z. ZPO. v. 23. 2. 79 Art. 12. Dann handelt es sich eben um eine zivilrechtliche Frage, die wegen des Zusammenhangs mit dem Zivilprozesse in dem Zivilprozeßgesetze mit geordnet ist. Um des sachlichen Zusammenhanges willen enthalten viele Gesetze öffentliches und Privatrecht neben einander. Ein Hauptbeispiel liefert die Gewerbeordnung.

Ist der Schiedsvertrag zivilrechtlich, weil er die Art der Geltendmachung von Privatrechten betrifft, so ist es auch die Verfügung, die ein Schiedsgericht anordnet. § 1027 gilt entsprechend für § 1048. Übrigens beweist das gleiche § 1048 unmittelbar, wenn es dort heißt: „Durch letztwillige oder andere nicht auf Vereinbarung beruhende Verfügungen“. Die letztwillige Verfügung ist privatrechtlich. Die Anordnungs-, die Verfügungsmacht muß somit zivilistisch sein.

II. Die zivilrechtliche Natur erhellt aber noch aus anderem.

Voraussetzung der Vereinbarung, daß die Entscheidung durch Schiedsrichter erfolgen soll, ist, daß die Parteien berechtigt sind, über den Gegenstand des Streites einen Vergleich zu schließen. Wie später darzulegen, bedeutet dies: Voraussetzung ist, daß die Parteien über den Gegenstand frei verfügen können. Verfügen kann der Privatmann im Zweifel nur über Privatrechte. Also ist wie der Vergleich auch der Schiedsvertrag privatrechtlich.

Für das angeordnete Schiedsgericht kommt § 1025 entsprechend zur Anwendung. Das will, wie sehr bald näher zu beweisen ist, besagen: ein Schiedsgericht kann nur anordnen, wer über den Gegenstand, für den es gelten soll, frei verfügen kann. Somit kann auch ein Schiedsgericht im Sinne des § 1048 lediglich anordnen, wer privatrechtliche Verfügungsmacht über den Gegenstand besitzt.

§ 6.

Die Arten der Verfügungsgewalt.

Nun tritt die Frage hervor: muß die Verfügung, die ein Schiedsgericht anordnet, rechtsgeschäftlich oder kann sie rechtsetzend sein? M. a. W. kann die Anordnung geschehen nur durch Rechtsgeschäft oder auch durch Rechtssatz?

Daraus, daß im § 1048 steht: „Durch letztwillige oder andere Verfügungen“ folgt keineswegs, daß auch die andern rechtsgeschäftlich sein müssen. Auch die anderen Verfügungen dürfen nur nicht auf Vereinbarung der Streitsteile beruhen. Wenn daher im Privatrechte üblich ist, auch rechtsetzende Akte als Verfügungen zu bezeichnen, so ist auch Anordnung durch solche zulässig.

L ö n i n g kommt zu dem gleichen Ergebnisse, aber auf andere Weise. Auch für ihn fallen unter die Verfügungen des § 1048 rechtsetzende Akte, aber sie seien öffentlichrechtlicher Natur. Er schreibt a. a. O. S. 153: „Dem bürgerlichen Rechte gehören der Schiedsvertrag und die letztwillige Verfügung an, durch welche ein Erblasser die Erben und Vermächtnisnehmer verpflichtet, die auf Grund der letztwilligen Verfügung unter ihnen entstehenden Streitigkeiten durch Schiedsgericht entscheiden zu lassen. In beiden Fällen ist es eine privatrechtliche Willenserklärung — Vertrag oder letztwillige Verfügung —, welche die Verpflichtung begründet. Das Hausgesetz, das ein Schiedsgericht zur Entscheidung der Rechtsstreitigkeiten der Mitglieder des Hauses untereinander anordnet, ist dagegen ein Rechtssatz, der ein besonderes Verfahren zur Entscheidung von Rechtsstreitigkeiten an Stelle des Verfahrens vor den ordentlichen Gerichten anordnet. Dieser Rechtssatz gehört nicht dem bürgerlichen Rechte, sondern dem Prozeßrechte an".

Mit dieser Begründung geht Löning fehl. Die Hausgesetze gehören zum Privatrechte. Sie wurden und werden Hausverträge, Erbeinigungen, Testamente, Rezesse, Vergleiche, Familienpakten, ebenso sehr genannt wie Ordnungen, Konstitutionen und Gesetze. Daß sie gesetzgebende, nicht rechtsgeschäftliche Akte sind, kommt den Gesetzgebern und den Familien gar nicht zum Bewußtsein. Sie werden wie Testamente und Verträge behandelt. Daher wurden sie von jeher zum Privatrechte gerechnet. Die Satzungsgewalt der hochadeligen Häuser ist privatrechtlich, so gut wie diejenige des Fideikommißstifters und des Vereins, obschon die der letzteren rechtsgeschäftlich ist. Die mediatisierten Häuser sind Korporationen des Privatrechts, also ist auch ihre Autonomie privatrechtlich.

Ergibt sich daher, daß geschichtlich die Hausgesetze auch Verfügungen genannt werden, so fallen unter § 1048 auch die Hausgesetze. Noch heute gibt es Staatsgesetze, die das hochadelige Hausgut unter den Begriff Fideikommiß bringen — vergl. darüber meine Denkschrift von 1911 über „Die juristische Persönlichkeit der standesherrlichen Familie" —. Wie der Inhaber des Fideikommisses für dieses Verfügungen trifft, so tut es gleicherweise auch das hochadelige Haus, nur in anderer Rechtsform, aber mit dem gleichen Namen. Verfügungen umfaßt sowohl fideikommissarische Anordnungen, wie hausgesetzgeberische Erlasse. Ebenso sehr, wie Verträge und Testamente, nannten sich die Hausgesetze auch Disposition. Berühmt ist das brandenburgische Hausgesetz von 1473, die dispositio Achillea. Aus dem Hause Isenburg ist bekannt eine Konkubinatsdisposition von 1553 (s. Lünig, Reichsarchiv P. spec. c. 2, F. 3, Ab. 6 [Bd. 11] S. 441). In der bayrischen Gerichtsordnung von 1753 (codex juris Bavarici judiciarii) lesen wir im 17. Kapitel § 2 am Ende: „Soviel endlich 12mo die durch letztwillig und andere Dispositiones verordnete Kompromisse anlangt, so kann sich deren kein successor ohne Bewilligung anderer mit Interessierter entschlagen". Kreittmayr fügt in den Erläuterungen hinzu: „Jeweilen verordnet testator oder primus fideicommittens, wie es auf den Fall, wenn sich zwischen seinen Nachkömmlingen Streit und Irr ergibt, gehalten werden soll, und setzt nicht nur gewisse Schiedsrichter, sondern schreibt auch den modum tractandi und finiendi litem vor".

Aber der Beweis ist noch viel zwingender zu führen. In Art. XIV der Deutschen Bundesakte als dem Artikel, auf dem die heutige Rechtsstellung der standesherrlichen Häuser basiert, lesen wir: „2. werden nach den Grundsätzen der früheren deutschen Verfassung die noch bestehenden Familienverträge aufrechterhalten, und ihnen die Befugnis zugesichert, über ihre Güter und Familienverhältnisse verbindliche Verfügungen zu treffen". Das sind privatrechtliche Verfügungen. Niemand wäre damals auf den Gedanken gekommen, in den Hausgesetzen, in den Familienverträgen über die Dinge nichts Privatrechtliches zu erblicken. Ausdrücklich bemerkt die Bundesakte, sie gehörten nicht zur Staatsgewalt. Was die Bundesakte Verfügungen nennt, verbindliche Verfügungen, heißt dann im EG. z. BGB. Art. 58 Hausverfassungen. Wenn die österreichische ZPO. v. 1. Aug. 1895 § 599 lautet: „Die Vorschriften dieses Abschnittes finden auf die Schiedsgerichte sinngemäß Anwendung, die in gesetzlich zulässiger Weise durch letztwillige Verfügungen oder andere nicht auf Vereinbarung der streitenden Teile beruhende Verfügungen oder durch Statuten angeordnet werden, so sagt das Gesetz materiell nicht mehr als § 1048 der deutschen ZPO., dasselbe aber wissenschaftlich klarer und richtiger.

In dem Entwurfe der bayerischen ZPO. von 1869 fehlte eine Vorschrift, die bestimmte, daß „auf Schiedsgerichte, die durch letztwillige Verfügungen oder andere nicht auf Übereinkunft beruhende Dispositionen angeordnet werden", die für die Fälle des Kompromisses gegebenen Vorschriften Anwendung finden sollen. Auf Antrag des Abgeordneten von Neumayr wurde die so lautende Bestimmung als Art. 1344 eingefügt. Er bemerkte darüber in seinem Referate: „Schiedsgerichte können nicht bloß durch Vertrag, sondern auch durch letztwillige Verfügung oder andere Dispositionen, wie z. B. Fideikommißstiftungen, Familienstatuten und dergl., bestellt werden (vgl. Bayr. Ger.-Ordn. cap. 17, § 2, Nr. 12)". Unter Familienstatuten fallen standesherrliche Hausstatuten.[1])

§ 7.

Die Schiedsautonomie der standesherrlichen Familien.

Ein Schiedsgericht kann durch Verfügung nach ZPO. § 1048 nur angeordnet werden, wenn das Gesetz, also eine Rechtsnorm es erlaubt. Ob eine solche zivilrechtliche Verfügungsgewalt besteht, regelt sich nach bürgerlichem Rechte. Die ZPO. bestimmt nur, wenn eine Privatrechtsnorm die Anordnung von Schiedsgerichten gestattet, dann finden auf diese Gerichte die Vorschriften über das vereinbarte Schiedsgericht Anwendung.

---

[1]) Bemerkt mag sein, daß Seuffert a. a. O. vor § 1025 Nr. 2 äußert, Schiedsgerichte des § 1048 könnten nur durch rechtsgeschäftliche Verfügung angeordnet werden. Da er aber auch Anordnung durch Privatautonomie für statthaft erklärt (§ 1048 Nr. 2), scheint es, daß er diese Autonomie nicht für Rechtsetzung, sondern für rechtsgeschäftlich hält, daher noch Gerbers Ansicht teilt.

§ 1048 lautet: „Auf Schiedsgerichte, welche in gesetzlich statthafter Weise durch . . . nicht auf Vereinbarung beruhende Verfügungen angeordnet werden, finden die Bestimmungen dieses Buches entsprechende Anwendung“.

Unrichtig ist die Meinung Lönings, daß das fortdauernde Recht der standesherrlichen Häuser, ein Schiedsgericht anzuordnen, von der ZPO. sanktioniert sei, also auf ihr beruhe (S. 153). Zu dieser Auffassung wird L. gedrängt, weil er Hausgesetze, die ein Schiedsgericht anordnen, nicht zum Privat-, sondern zum Prozeßrechte rechnet. Zutreffend formuliert Seuffert a. a. O. zu § 1048 den Inhalt: „Ob durch letztwillige Verfügung oder eine andere nicht auf Vereinbarung beruhende Verfügung ein schiedsrichterliches Verfahren angeordnet werden kann, ist nach dem bürgerlichen Rechte zu beurteilen. Die ZPO. bestimmt nicht, daß dies geschehen kann, sondern rechnet nur mit der Möglichkeit, daß es nach bürgerlichem Rechte geschehen könne“.

Selbstverständlich ist, daß die Rechtsnorm, die ein solches Anordnungsrecht verleiht, keine ausdrückliche zu sein braucht. Sie kann aus allgemeinen Vorschriften abzuleiten sein.

Eine ausdrückliche Vorschrift fehlt für die standesherrlichen Häuser. Daher fragt sich, ob es eine allgemeine Vorschrift gibt, aus der eine Schiedsautonomie dieser Familien zu folgern ist.

Die mediatisierten Geschlechter besitzen dieses Recht, wenn es ihnen nach Landesgesetz zusteht. Denn die Vorschriften der Hausverfassungen sind nur soweit aufrecht erhalten, als die Landesgesetze es einräumen.

Man hat behauptet, die Befugnis, den Rechtsweg auszuschließen, ist in der Autonomie des hohen Adels nicht enthalten[1]). Allein alle, die diesen Einwand erheben, nahmen an, was wir als unzutreffend nachwiesen, als handle es sich bei solcher Anordnung um Anwendung einer Prozeßrechtsautonomie. Dagegen hat sich uns ergeben, daß die Anordnung eines Schiedsgerichtes im Sinne von ZPO. § 1048 ein privatrechtlicher Akt ist. Besteht die Schiedsautonomie, so bildet sie einen Bestandteil der Privatrechtsautonomie. Und diese Schiedsautonomie besteht, wenn die Anordnung von Schiedsgerichten durch die mediatisierten Häuser als Vorschrift über ihre Güter oder Familienverhältnisse angesehen werden kann.

Das ist möglich.

Familienverhältnis ist ein Verhältnis der Familie. Familienverhältnis und Familienrecht sind nicht identisch. Das standesherrliche Haus kann Vorschriften geben nicht nur über das, was nach BGB. unter den Begriff Familienrecht fällt, also über Eheschließung, eheliches Güterrecht, Ver-

---

[1]) U. A. Goldschmidt a. a. O., S. 145.

wandtschaft, Vormundschaft, sondern Familienverhältnis bedeutet jedes Verhältnis, das die Familie betrifft. Eine ausgemachte Sache ist, daß unter die standesherrliche Autonomie auch fallen Personen- und Erbrecht, z. B. Vorschriften über Eintritt und Austritt aus der Hauskorporation, Vorschriften über Einschränkung der Testierfreiheit der Hausmitglieder für ihr Privatvermögen usw. S. Löning a. a. O. S. 137 u. 40f. Man beachte doch die standesherrliche Familie ist eine Korporation, ein Verein. Das Analogon ist daher juristisch nicht das Familien-, sondern das Vereinsrecht des BGB. Das Haus ist nicht Familie, sondern Genossenschaft. Zur Familienautonomie gehören deshalb Vorschriften über Erwerb und Verlust der Hausmitgliedschaft. In dem Entwurfe W. v. Humboldts zur Bundesakte Art. 14 heißt es „Familieneinrichtungen". S. Löning S. 22. Die Autonomie besteht für alle Familieneinrichtungen.

Ein Familienverhältnis, ein Familienzustand und zwar ein sehr wichtiger ist der Familienfriede. Jeder Agnat hatte das Recht, über die Angelegenheiten der von ihm abstammenden Hausmitglieder Vorschriften zu erlassen. Auf die Angelegenheiten des Hauses oder der Linie erstreckte sich die Autonomie. Die res domus bildeten ihren Gegenstand (Löning, S. 40). Haussache war auch der Hausfriede.

Eine Grenze besitzt die Familienautonomie. Vorschriften kann das Haus für die Familienverhältnisse nur treffen, soweit dadurch der Erhaltung und Förderung von Macht und Ansehen des Hauses gedient wird. Vgl. Löning S. 39 und 86. Wenn aber etwas die Macht und das Ansehen einer Familie erhält und fördert, dann ist es der Familienfriede. Im Rahmen der Hausautonomie liegen daher Vorschriften, die Streitigkeiten unter den Hausmitgliedern verhindern oder wenigstens verhüten, daß sie vor die Öffentlichkeit gebracht werden. Innerhalb der Grenzen der standesherrlichen Selbstgesetzgebung bewegen sich deshalb Vorschriften, die gewisse Entscheidungen des Familienhauptes für unanfechtbar erklären oder andere Fragen an ein privates Schiedsgericht verweisen. Die standesherrliche Autonomie über Familienverhältnisse umfaßt auch die Befugnis, die Erledigung von Familienstreitigkeiten zu ordnen, soweit dies in den Formen des bürgerlichen Rechts geschehen kann.

Dies ist aber möglich. Ein Analogon beweist dies. Durch letztwillige Verfügung kann Jemand auch anordnen, daß Bestimmungen von ihm unanfechtbar oder Streitigkeiten über seine Bestimmungen nur im Wege des Schiedsgerichtes austragbar sind.

Nirgends im BGB. ist dies ausdrücklich bestimmt. Aber es wäre falsch, anzunehmen, die Vorschriften des BGB. über den Inhalt letztwilliger Verfügungen seien erschöpfend. Das Erbrecht aller Kulturstaaten beruht auf dem Gedanken der Testierfreiheit. Der Testator kann alles bestimmen, was für seine Erbschaft von Interesse ist. Von großem Interesse ist, daß über die Erbteilung zwischen Erben und Erben, Erben und Vermächtnisnehmern, Vermächtnisnehmern und Vermächtnisnehmern keine Streitigkeiten entstehen, daß durch seine Anordnungen der Friede unter den Bedachten nicht gestört wird. Daher kann er anordnen, daß seine Verfügungen unanfechtbar oder daß sie nur vor Schiedsgericht anfechtbar sein sollen. Die herrschende Lehre in der Zivilistik ist der Anschauung, daß der Erblasser seinem Testamente eine Schiedsgerichtsklausel einzufügen vermag. Ich verweise auf Kipp in seinem Lehrbuche des Erbrechts (Ennecerus-Kipp-Wolff, Lehrb. des bürgerl. Rechts II 3, 1911) S. 27f. und ausführlicher bei Windscheid, Pandekten, 9. Aufl. III, § 648, Zusatz Nr. 2, auf Crome, System des deutschen bürgerl. Rechts, Bd. 5 (1912), S. 501, 509, 726ff. und die Literaturangaben von Seuffert zu ZPO. § 1048, besonders aber auf Schloßmanns früher schon erwähnte Abhandlung in Jherings Jahrbüchern, Bd. 37.

Keinem Zweifel unterliegt, daß eine Schiedsgerichtsanordnung getroffen werden kann in dem Statute eines Familienfideikommisses und der Satzung eines Vereins. Beides hat praktisch viel Ähnlichkeit mit dem Familienstatute des standesherrlichen Hauses. Noch heute gibt es Leute, und Gesetze, die das standesherrliche Hausgut unter den Begriff Fideikommiß bringen. Auch das Fideikommiß dient dem splendor familiae. Es kommt vor, daß standesherrliche Familien in ein und derselben Ordnung die Rechtsverhältnisse ihrer standesherrlichen und ihrer Fideikommißgüter regeln; dies dann, wenn sie außerhalb des Staates, in dem ihre Standesherrschaft liegt, Grundgerechtsame haben, denn Güterautonomie besitzen sie nur in dem Staate, dem sie als Standesherren angehören. Darüber meine Ausführungen in der DJZ. 1909, S. 1466ff.[1]) Ferner ist die standesherrliche Familie eine Art Verein. Wie der Verein seinen Mitgliedern das Anrufen von Schiedsgerichten vorschreiben kann, warum soll es nicht ebenso das mediatisierte Haus dürfen?

Lediglich ein Bedenken bleibt. Den standesherrlichen Geschlechtern steht nach den Bestimmungen der Landesgesetze übereinstimmend mit der deutschen Bundesakte das Recht, über ihre Güter und ihre Familienverhältnisse verbindliche Verfügungen zu treffen, nur „nach den Grundsätzen der früheren deutschen Verfassung“ zu, daher bloß soweit, als sie die Befugnis zu Zeiten des alten Reiches besaßen.

Da ist nun kein Zweifel, daß sich von der Mitte des 14. Jahrhunderts ab in den Hausverträgen, Erbeinigungen, Testamenten usw. der hochadeligen Familien Bestimmungen finden, die Mitglieder des Hauses sollten

---

[1]) Näheres in der Begründung S. 53ff. zu dem von mir entworfenen und 14. August 1912 vom Könige von Württemberg genehmigten Hausgesetze für das Fürstliche Gesamthaus Hohenlohe (als Manuskript gedruckt).

ihre Streitigkeiten nicht vor dem ordentlichen Richter, sondern durch Austräger schlichten lassen. Allein es ist die Behauptung aufgestellt worden, seit diese auf autonomer Satzung beruhenden Schiedsgerichte durch die Reichskammergerichtsordnung zu öffentlichen Schiedsgerichten erhoben wurden, hätte die Anordnung von Schiedsgerichten durch Hausgesetz nicht mehr die Wirkung des Ausschlusses des Rechtsweges gehabt. Die Austräge hätten den ordentlichen Rechtsweg vor den obersten Reichsgerichten nicht absolut, sondern nur mehr suspensiv ausgeschlossen, indem gegen ihre Entscheidung stets Appellation an die Reichsgerichte eingelegt werden konnte. Ja, man ist weitergegangen und hat die Ansicht aufgestellt, die hochadeligen Häuser hätten niemals, d. h. auch vor 1495 nicht, das Recht besessen, Schiedsgerichte einzusetzen, durch die der staatliche Rechtsweg ausgeschlossen wurde.

Die eine wie die andere Auffassung ist unrichtig.

Vor dem Jahre 1495 fielen die Schiedsgerichte unter den gemeinrechtlichen, also römischrechtlichen Begriff des angeordneten Kompromisses, des verordneten Kompromisses, wie die bayerische Gerichtsordnung von 1753 sagt. „Das Kompromiß wurde im gemeinen Rechte nach dem Vorgang des kanonischen als Vergleich betrachtet“, bemerkt Bornhak an der früher angegebenen Stelle S. 19 zutreffend. Es wirkte also streitbeendigend. Ein Anrufen des staatlichen Gerichts war unzulässig. Wurde trotz des Kompromisses Klage erhoben, so hatte — siehe Bornhak S. 23 — der Beklagte der Vergleichsnatur des Kompromisses entsprechend die exceptio rei transactae seu finitae, die als prozeßhindernde Einrede die nämlichen Wirkungen besaß wie die exceptio litis pendentis.

Aber auch die erstgenannte Ansicht läßt sich nicht halten. Veranlaßt ist sie durch eine irreführende Darlegung der Geschichte des Rechtes standesherrlicher Schiedsgerichtsbarkeit bei Löning a. a. O. S. 146 und 147.

Dort wird folgendes vorgebracht. Die auf autonomer Satzung beruhenden Schiedsgerichte des Hochadels seien durch die RKGO. von 1495 in eine Unterinstanz der Reichsgerichte umgewandelt worden. Sie hätten von da ab nicht mehr einen Schiedsspruch, sondern ein Urteil gefällt, gegen das Appellation an die höchsten Reichsgerichte eingelegt werden konnte. Dieser Zustand habe bis zur Auflösung des Reiches gegolten. Durch sie seien alle Reichsgerichte, also auch die unteren, die Austrägalgerichte, untergegangen. Dies habe für die standesherrlichen Stamm- und Familienausträge aber nicht völlige Vernichtung, sondern nur Aufhören des Charakters als öffentlicher Gerichte bedeutet. Sie hätten den Rechtscharakter wieder zurückerhalten, der ihnen nach hausrechtlicher Autonomie früher zugekommen sei. „Sie wurden wieder Schiedsgerichte ..... Sie hatten nicht mehr Urteile zu fällen, sondern Schiedssprüche zu erlassen.“

Nach dieser Darlegung hat es den Anschein, als hätten die hochadeligen Häuser seit 1495 nur eine Art von hochadeligen Gerichten schaffen können, nämlich die öffentlichen Schiedsgerichte. Das ist aber unrichtig. Nach 1495 erhielt sich auch die alte Art fort, die privaten Schiedsgerichte. Nach wie vor konnten sie Kompromißgerichte vorsehen.

Der Unterschied war bedeutsam. Er hatte dieselbe Wirkung, wie heute der Umstand, daß die Schiedsgerichte der RZPO. keine „Gerichte“ im Sinne der Reichsjustizgesetze sind. Weil sie es nicht sind, wird 1) die Streitsache durch das Anbringen beim Schiedsgerichte nicht rechtshängig im Sinne der ZPO.; denn rechtshängig heißt gerichtshängig; 2) können die Schiedsrichter Zeugen und Sachverständige nicht zum Erscheinen und zur Aussage zwingen; denn sie haben keine richterliche Gewalt; aus demselben Grunde 3) sind sie nicht in der Lage, ihren Spruch durch eine Vollstreckungsklausel oder sonstwie für vollstreckbar zu erklären (§ 1042) usw. Das gleiche galt im alten Reiche. Die einen hochadeligen Gerichte, die Austrägalgerichte, besaßen richterliche Gewalt, die anderen nicht. Gut formuliert den Unterschied Malblank. Er schreibt a. a. O. S. 528ff.: „Den Kaiserlich bestätigten vertragsmäßigen Austrägen ist eine allgemeine Kaiserliche Kommission aufgetragen, vermöge welcher sie . . . eine zwar delegierte und außerordentliche, jedoch aber wahre, obwohl eingeschränkte Art von Gerichtsbarkeit ausüben . . . Diese Austräge sind daher auch von anderen gemeinen Kompromißrichtern oder kaiserlich nicht bestätigten vertragsmäßigen Austrägen in manchen Stücken sehr verschieden: 1) Da jene Austräge mit einer kaiserlichen Jurisdiktion versehen sind, haben sie ihre Gewalt nicht bloß aus einem Vertrage — darunter fällt im Sinne der damaligen Zeit auch Selbstgesetzgebung — oder einer Prorogation, sondern zugleich aus einem kaiserlichen Auftrage, welches bei anderen gemeinen Schiedsrichtern nicht der Fall ist. 2) Sie sind daher auch vermöge dieses kaiserlichen Auftrags, wenn die Wahl auf sie fällt, den Auftrag anzunehmen, schuldig und können solchen nur aus erheblichen Ursachen ablehnen, während bei gemeinen Kompromissen in jedem einzelnen Falle es von dem freien Willen eines jeden Dritten abhängt, ob er den schiedsrichterlichen Auftrag annehmen will, und er folglich nur ex recepto verbindlich wird. 3) Jene kaiserlich bestätigten Austräge haben daher auch eine viel weitergehende Gewalt als gemeine Schiedsrichter, besonders in Ausübung eines wahren Gerichtszwanges in den Vorladungen, Bescheidung und eidlicher Verhörung der Zeugen und anderen Teilen des Prozesses, welches bei gemeinen Kompromissen nicht in der Art stattfindet. 4) Bei den Austrägen von der angeführten Art findet in einigen Fällen auch eine Rekonvention statt, aber nicht bei den gemeinen Schiedsrichtern. 5) Bei der eigentlichen Austrägalinstanz findet ebenso, wie bei andern höheren

Instanzen, das Rechtsmittel der Appellation an die höchsten Reichsgerichte statt, dessen Gebrauch hingegen bei andern gemeinen Schiedsrichtern mannigfaltigen Einschränkungen unterworfen ist."

In dem letzteren Punkte liegt für unsere Betraehtung das Bedeutsame. Es gab Schiedsgerichte, von denen die Appellation an die höchsten Reichsgerichte nicht ausgeschlossen werden konnte, und es gab solche, bei denen es der Fall war. Das eine sind die öffentlichen, das andere die privaten. „Ordentliche Rechtsmittel gegen den Schiedsspruch — bemerkt Bornhak a. a. O. S. 24 — gab es im gemeinen Rechte ebensowenig wie im römischen und kanonischen." „Die Appellationen sind überall durch den Ausspruch der Stammausträge (d. h. privaten Schiedsgerichte) abgeschnitten", lesen wir auch bei J. C. Kohler, Handbuch des deutschen Privatfürstenrechts 1832 S. 310; gerade so, wie unter der Herrschaft der RZPO. ein Schiedsvertrag oder eine Schiedsgerichtsanordnung, worin bestimmt ist, daß gegen den Schiedsspruch ein Rechtsmittel oder der Einspruch an ein staatliches Gericht statthaft sein soll, unwirksam ist, weil die ZPO. Rechtsmittel und Einspruch bloß gegen Entscheidungen eines staatlichen Gerichts zuläßt. Vgl. Seuffert a. a. O. vor § 1025 Nr. 2.

Aber nicht nur aus der Literatur, sondern aus den Hausgesetzen ergibt sich, daß die hochadeligen Häuser vor 1806, somit nach den Grundsätzen der früheren deutschen Verfassung Schiedsgerichte autonomisch schufen, die an Stelle von öffentlichen Gerichten entschieden und gegen deren Spruch es daher keine Appellation an die Reichsgerichte gab. Ich brauche nur anzuführen den in § 2 im Wortlaute mitgeteilten Artikel 46 des Fürstenberger Hausgesetzes von 1755, also ein Hausgesetz aus der letzten Zeit des alten Reiches. Hier heißt es: Streitigkeiten untereinander sollen die Mitglieder des Hauses, wenn alle gütlichen Mittel erfolglos bleiben, so erledigen, daß „entweder ein ordentliches Kompromiß auf dieselbe, d. h. auf einen Fürsten und zwei bestimmte Grafen cum renuntiatione omnis remedii suspensivi et cuiuscunque provocationis veranlaßt oder aber in dessen Entstehung (d. h. wenn ein solches Schiedsgericht nicht zustande kommt) die Sach durch den gemeinen Weg Rechtens entschieden werde". Also ist vorgeschrieben 1) ein privates Schiedsgericht unter Verzicht auf jedes aufschiebende Rechtsmittel und jede Berufung an einen höheren Richter, 2) wenn ein Schiedsspruch nicht zustande kommt, Anrufung des Austrägalgerichtes. Nicht ist der Satz so aufzufassen: Die Streitenden sind verpflichtet, einen Schiedsvertrag mit Verzicht auf Appellation abzuschließen, kommt er aber nicht zustande, die Sache an die Austrägalinstanz zu bringen. Sondern gesagt ist: es soll, wenn gütliche Erledigung mißlingt, ein ordentliches Kompromiß auf einen Fürsten und zwei Grafen von den vorsitzenden Bänken in Schwaben veranlaßt werden. Somit soll ein Schiedsgericht nicht erst vereinbart, sondern veranlaßt werden, d. h. die Parteien sollen Schiedsrichter ernennen. Kommt das Schiedsgericht oder der Schiedsspruch nicht zustande, dann ist der Streit vor die Austräge zu bringen.

So ist der Artikel auch in der Randbemerkung zusammengefaßt: „Wenn Streitigkeiten entstehen, so sollen dieselben . . . zur gütlichen Ausgleichung gebracht und im Falle der Erfolglosigkeit ein Schiedsspruch veranlaßt oder, wenn ein solcher nicht zustande kommt, der Austrag auf dem gemeinen Rechtswege erwirkt werden“.

Wenn wir fragen, wie Lönings Meinung entstand, daß seit 1495 in den Hausgesetzen nur öffentliche Schiedsgerichte und damit nur solche, gegen deren Entscheidung Appellation möglich war, angeordnet werden konnten, so sind wir allein auf Vermutungen angewiesen. Wahrscheinlich führt Lönings Meinung darauf zurück, daß es zu den Zeiten des alten Reiches eine Theorie gab, die behauptete, gegen keine Austräge könne die Appellation an die Reichsgerichte wegbedungen werden. Auch Malblank hing der Lehre an. Er machte eine Ausnahme nur für das vereinbarte im Gegensatz zum angeordneten Schiedsgerichte (a. a. O. S. 452 und 548); in dem Falle, daß für eine einzige Sache, also nicht auch für künftige Sachen, von den Streitsteilen ein Schiedsgericht vereinbart werde, daher ein gemeines Kompromiß für eine einzige Sache vorliege, könne an die Reichsgerichte nicht appelliert werden. Jedoch die Lehre war nicht haltbar. Sie gründete sich im wesentlichen — s. darüber J. J. Moser, Familienstaatsrecht derer teutschen Reichsstände, II. Teil, 1775, S. 1136 — auf die Kammergerichtsordnung von 1555, zweiter Teil, Titel VI, § 1. Hier heißt es: „Es soll auch in allen vorgemeldeten Artikuln an das Kaiserl. Kammergericht zu appellieren zugelassen sein“. In einem vorausgehenden Artikel, nämlich in Tit. II § 1, ist auch von den Austrägen die Rede. Allein der Paragraph bezieht sich nur auf die Austräge, die erste Instanz sind. Er sagt nicht, daß die Austräge erste Instanz, also Austrägalinstanz sein müssen. Daher schließt er private und damit den Rechtsweg aufhebende Schiedsgerichte unter den hochadeligen Häusern nicht aus. Auf jeden Fall enthalten sehr viele Hausgesetze aus allen Jahrhunderten seit 1495 die clausula appellationis prohibitiva, ohne daß ihnen die kaiserliche Bestätigung versagt worden wäre. J. J. Moser gibt davon in seinem Familienstaatsrechte Teil II S. 1071 ff. viele Beispiele.

Ich erwähne einige. In der Gräflich Castellschen Erbeinigung von 1560 heißt es: „Im Falle daß sich zwischen Uns und Unsern Erben einige Irrung oder Mißverständnis zutragen würde“, soll zunächst gütlicher Ausgleich versucht werden; gelingt er nicht, so sollen fünf Casteller Lehensleute von Adel „mächtiglich“ sprechen — jede Partei wählt zwei und die vier ernennen einen fünften als Obmann —: „und was von ihnen fünf oder dem mehreren Teil erkannt wird, dabei sollen Wir und Unsere Erben ohne alle Appellation und Reduktion endlich und ohne Weigerung bleiben“ (Moser S. 1102). Ebenso heißt es in der Hohenloher Erbeinigung von 1511 (S. 1108): „Dabei soll es von allen Teilen bleiben, ohne fernere Appellierung und Weigerung vollzogen, dawider keine Behelfe, Supplikation oder Restitution noch einigerlei Widerrede gesucht noch gebraucht werden“. Die Formel kehrt wieder im Naumburger Vertrage des Hauses Sachsen von 1554 (S. 1073), im Henneberger Teilungsrezesse von 1662 (S. 1075), im Gothaer Vergleiche von 1675 (S. 1078), in der Anhalter Erbeinigung von 1635 (S. 1083), im hessischen Vergleiche von 1568 (S. 1085), im Württemberger Stammvertrage von 1617 (S. 1090), im Limburger Erbvertrage von 1604 (S. 1111), im Leyenschen Hausvergleiche von 1661 (S. 1110). Endlich lesen wir noch in einem Salmschen Vergleiche von 1595 (S. 1097): „Was nun solche vier Niedergesetzte in ihrem Spruch alle samtlich oder das meiste Teil einhellig aussprechen würden, dabei soll es ohne ferner Suchen, Appellieren, Supplizieren, Reduzieren oder Revidieren endlich verbleiben und bewenden“.

A. W. Heffter skizziert die Rechtslage gut, wenn er in seinem Buche „Die Sonderrechte der souveränen und der mediatisierten vormals reichsständischen Häuser Deutschlands“ 1871 S. 88 schreibt: „Streitigkeiten unter den Mitgliedern einer erlauchten Familie gehörten vormals zur Kompetenz der Reichsgerichte, bezüglich der reichsgesetzlichen Ausströgalinstanz, die aber auch durch Stamm- und Konventional-Austräge vertreten werden konnte“. Also wenn die Stammausträge die reichsgesetzliche Austrägalinstanz vertraten, waren für sie die Reichsgerichte zuständig. Waren die Familiengerichte nicht als solche Vertreter gemeint, so gab es keine Appellation an die Reichsgerichte gegen sie. Näher hat Heffter die Frage erörtert in dem „Beiträge zum deutschen Staats- und Fürstenrecht“ betitelten Werke (1829) S. 210.

§ 8.

Fortsetzung.

Keinen unmittelbaren, aber einen mittelbaren Beweis dafür, daß die Familienverhältnisse-Autonomie des mediatisierten Adels auch eine Schiedsautonomie umfaßt, liefert die Tatsache, daß Hausgesetze, welche die Schiedsgerichtsklausel enthalten, auch in den Ländern, wo sie dem Landesherrn nicht nur zur Kenntnisnahme, sondern zur Bestätigung vorgelegt werden müssen, diesen Weg unbeanstandet passieren. Die Bestätigung wird doch nur auf Gutachten der Justizministerien erteilt, also die Rechtsfrage untersucht. Aber die Bestimmungen werden anstandslos bewilligt, obwohl sie den ordentlichen Rechtsweg ausschließen.

Zu diesen Staaten gehören außer Sachsen und Baden auch Preußen. S. Löning, S. 60f. Gerade in Preußen wurden in den letzten Jahrzehnten, somit unter der Herrschaft des ZPO., Hausgesetze mit obligatorischem Schiedsgerichte erlassen. Ich erwähne Bentheim und Steinfurt, 16. März 1898, Salm-Horstmar, 5. Juli 1899, Stolberg-Roßla, 27. Dez. 1899, Wied, 25. Aug. 1908. Sie wurden ebenso bestätigt, wie früher das Hausstatut für das Gräfliche, jetzt Fürstliche Haus Stolberg-Wernigerode von 1876.

Gewiß können durch die landesherrliche Bestätigung hausgesetzliche Bestimmungen, die gegen ein Staats- oder Reichsgesetz verstoßen, nicht giltig gemacht werden; ein landesherrlicher Akt kann ein Gesetz nicht aufheben, nichts verleihen, was das Gesetz verbietet. Die Bestätigung ist ein rechtspolizeilicher Erlaubnis-, somit ein Verwaltungsakt; für den Erlaß von Hausgesetzen gilt Konzessionssystem. So wenig sonst eine Konzession eine Rechtsnorm zu ändern vermag, so wenig kann sie es hier. Wie es sonst möglich ist, daß eine Konzession mit der Rechtsordnung nicht im Einklang steht, so vermag das auch hier der Fall zu sein. Durch die Bestätigung wird das Recht, die Hausgesetze auf ihre Giltigkeit zu prüfen, daher keineswegs beschränkt. Aber mittelbar läßt sich doch gewiß sagen: der König und die ihn beratenden Organe würden ein Hausgesetz, das den Rechtsweg durch Schiedsgerichtsklausel ausschließt, nicht gutheißen, wenn sie nicht glaubten, eine Rechtsnorm gestatte den Häusern derartige Schiedsautonomie.

Schloßmann hat a. a. O. S. 307 versucht, die Zulässigkeit der Anordnung von Schiedsgerichten, die den Rechtsweg ausschließen, auf noch eine andere Weise zu erklären. Er meint, man könnte daran denken, zu sagen, durch öffentliches Recht sei hier dem Willen von Privaten die Macht verliehen, öffentliches Recht, nämlich die Normen über die Zulässigkeit des Rechtsweges, für den einzelnen Fall zu ändern. Es könnte hier ausnahmsweise öffentliches Recht durch private Verfügung umgestaltet werden. Anders ausgedrückt heißt dies: ZPO. §§ 1025 und 1048 bekunden, daß die Vorschrift von GVG. § 13: „Alle bürgerlichen Rechtsstreitigkeiten gehören vor die ordentlichen Gerichte“ nicht zwingendes Recht ist; die §§ 1025 und 1048 erklären die Vorschrift in gewisser Richtung für nachgiebig.

Allein diese Ausführungen sind unhaltbar. GVG. § 13 betrifft nur das Verhältnis der Gerichte zu anderen Staatsorganen. Er sagt nicht: Private dürfen keine Gerichte anordnen. Das wird erst in § 15 bestimmt. § 13 bedeutet lediglich: wenn bürgerliche Rechtssachen von den Privaten zum Austrage durch Entscheidungsorgane gebracht werden, dann sind allein die Gerichte und nicht andere Organe zuständig.

Endlich hat man gemeint, die Gültigkeit der obligatorischen Schiedsgerichtsklausel auch auf Vereinbarung der Streitsteile zurückführen zu können.

Die Agnaten haben bei Eintritt der Volljährigkeit ein mehr oder weniger feierliches Versprechen abzugeben, daß sie die Gesetze ihres Hauses unverbrüchlich halten wollen. Hierin liegt gewiß ein Anerkenntnis und, wer das Anerkenntnis empfängt, ist der Chef des Hauses nicht nur für sich, sondern im Namen des Hauses; mit dem Hause wird der Anerkenntnisvertrag abgeschlossen. Allein diese Konstruktion versagt, wenn ein oder beide Streitsteile Kognaten des Hauses sind. Sie geben kein Versprechen auf die Familiensatzung ab.

Zweiter Teil.

Die Grenzen standesherrlicher Schiedsgerichtsbarkeit.

§ 9.

Bestimmte Rechtsverhältnisse.

Die ZPO. § 1026 bestimmt: „Ein Schiedsvertrag über künftige Rechtsstreitigkeiten hat keine rechtliche Wirkung, wenn er nicht auf ein bestimmtes Rechtsverhältnis und die aus demselben entspringenden Rechtsstreitigkeiten sich bezieht". Auf § 1048 entsprechend angewendet, lautet der Rechtssatz: Eine Verfügung, die für künftige Rechtsstreitigkeiten Entscheidung durch Schiedsgerichte anordnet, hat rechtliche Wirkung nur, wenn sie dies für ein bestimmtes Rechtsverhältnis tut.

Erforderlich ist somit, daß die Rechtsstreitigkeiten, für die das Schiedsgericht obligatorisch sein soll, gekennzeichnet sind. Die Kennzeichnung muß nicht erfolgen nach Personen (Streitigkeiten zwischen bestimmten Personen), oder Orten (Streitigkeiten an bestimmten Orten), oder Zeiten (Streitigkeiten aus bestimmten Zeiten), sondern bestimmt müssen sein die Gegenstände, die Rechtsverhältnisse, auf die sich die Streitigkeiten beziehen. Unbezeichnet können bleiben die Personen, nicht aber die Rechtsverhältnisse, für welche die Schiedsrechtsprechung gelten soll.

Die Rechtsverhältnisse müssen bestimmt, d. h. von einander unterschieden sein. Die Schiedsgerichtsbarkeit kann nicht für irgendwelche, sondern nur für gekennzeichnete Rechtsverhältnisse angeordnet werden. Und zwar genügt nicht Bestimmung nach Gattung oder Art, sondern die Bestimmung muß eine individuelle sein. Die Anordnung muß sich nicht bloß auf bestimmte Rechtsverhältnisse, sondern auf ein bestimmtes Rechtsverhältnis beziehen. Die Schiedsgerichtsbarkeit darf für mehrere Rechtsverhältnisse vorgeschrieben werden, aber diese müssen einzeln aufgezählt werden.

Nicht genügt daher die Anordnung, daß Streitigkeiten aus entstehenden Versicherungsverhältnissen schiedsgerichtlich zu entscheiden seien, sondern erforderlich ist die Anordnung: die Streitigkeiten aus dem etwa entstehenden Feuer-, Haftpflicht-, Lebensversicherungsverhältnis sind dem Schiedswege vorbehalten. Kisch hat recht, wenn er in seinem Aufsatze in der Rhein. Zeitschrift für Zivil- und Prozeßrecht, Bd. 1 (1908) über „Die Unterwerfung unter das Börsenschiedsgericht“ S. 16 eine Vereinbarung zweier Geschäftsleute, daß die Entscheidung aller Streitigkeiten zwischen ihnen „aus Börsengeschäften“ durch Schiedsrichter erfolgen solle, für wirkungslos erklärt.

Die Anordnung muß das einzelne Rechtsverhältnis nennen. Dieses einzelne bestimmte Rechtsverhältnis kann seinerseits ein allgemeines, viele Einzelverhältnisse umfassendes sein. Rechtsverhältnis ist jedes rechtlich geordnete Verhältnis, jede rechtlich geordnete Beziehung. Ein Rechtsverhältnis ist die Geschäftsverbindung, der Börsenverkehr, der Börsenbesuch. Der Börsenverkehr, der Börsenbesuch ist etwas rechtlich geordnetes (Börsen G. §§ 5, 7, 8). Ebenso ist etwas unter Rechtsvorschriften stehendes die Geschäftsverbindung (z. B. HGB. §§ 362, 355). Eine Vereinbarung der Börsenbesucher, daß für ihre Streitigkeiten aus dem Börsenverkehre der Schiedsweg gelten soll, ist gültig. Ein Hausgesetz, das den Schiedsweg für alle aus der Hausmitgliedschaft entspringende Streitigkeiten vorschreibt, ist rechtswirksam. Denn die Hauszugehörigkeit ist ein Rechtsverhältnis.

§ 10.

Freier Verfügung unterliegende Rechtsverhältnisse.

Eine zweite Grenze ist folgende: die mediatisierten Häuser können Schiedsgerichte vorschreiben nur für Rechtsverhältnisse, über die sie frei verfügen können, über welche ihnen Autonomie zusteht.

Es ist behauptet worden, diese Schranke sei selbstverständlich; sie ergebe sich daraus, daß die standesherrlichen Geschlechter Autonomie lediglich für ihre Familienverhältnisse und Güter besitzen; der Schiedsweg könne bloß für Gegenstände vorgeschrieben werden, die in den Bereich der standesherrlichen Autonomie fallen.

Die Schranke würde daher aus EG. z. BGB. Art. 58 folgen. Allein daraus folgt sie nicht. Laut Art. 58 besitzt das Haus Autonomie für die Familienverhältnisse. Ein Familienverhältnis ist der Familienfriede. Es ist im Interesse des Familienfriedens, daß die Hausmitglieder gar keine Streitigkeit vor die öffentlichen Gerichte bringen. Demgemäß ist nach Art. 58 möglich, daß das Haus vorschreibt: die Hausangehörigen haben alle ihre Streitigkeiten, somit auch solche, die nicht Rechtsverhältnisse des standesherrlichen Güter- und Familienrechts betreffen, vor Schiedsgerichten auszutragen. Nach Art. 58 könnte das Haus deshalb auch andere Verhältnisse als diejenigen des Privatfürstenrechts, z. B. Streitigkeiten des gewöhnlichen Ehe- und Kinderrechtes, der Schiedsgerichtsbarkeit unterstellen.

Und in der Tat nach den Grundsätzen der früheren deutschen Verfassung haben die Familienstatuten den Hausmitgliedern sehr häufig für alle ihre Streitigkeiten, nicht nur für solche aus dem Hausrechte, vorgeschrieben, sie nicht im Wege der Fehde oder der Klage vor den ordentlichen Gerichten, sondern durch Anrufen von Schiedsrichtern zu schlichten.

Im alten Reiche galt nicht die Vorschrift, daß Schiedsgerichte lediglich für bestimmte Rechtsverhältnisse angeordnet werden können. Für alle ihre Rechtsstreitigkeiten konnte den Hausmitgliedern der Schiedsweg vorgeschrieben werden. Dieser Meinung ist auch Edg. Löning a. a. O. S. 145, 147, 153 und ihre Richtigkeit wird bestätigt durch zahlreiche Hausstatuten.

Ich will nur zurückerinnern an Art. 46 der erneuerten Familienpakten des Hauses Fürstenberg. Hier lesen wir: „Woferne zwischen Unseren Nachkommen in ein- und anderen dahier exprimierten oder nicht exprimierten Punkten und Artikuln, wie sie Namen haben mögen, Spenn und Streitigkeiten entstehen sollten, so . . “. Viele Beispiele finden sich weiter bei Moser, Familienstaatsrecht, Bd. 2, S. 1071 ff. So heißt es z. B. in der Casteller Erbeinigung von 1560: „Und wo sich über Unser Verhoffen zu obberührten Stücken, ein oder mehr, oder sonsten in einem oder andern Weg zwischen Uns oder Unsern Erben über kurze oder lange Zeit was Irrung oder Missverstand zutragen würde, so sollen Wir und Unsere Erben . . . vor fünf verordneten Lehenleuten gütlich und im Falle, daß die Sache nicht gütlich möchte vertragen werden, sie fünf mächtiglich zu sprechen haben“. Die Solmssche Erbeinigung von 1578 gibt die Streitsachen, für die der Schiedsvertrag ohne Appellation gelten solle, mit dem allgemeinen Satze an: „Im Falle aber sich zwischen Uns oder Unsern Kindern einige Missverständnisse und Irrung erregen und zutragen würden, so . . .“. Und Moser selbst bemerkt zu der Frage S. 1133: „In Ansehung des Objekti aber sollen dergleichen Austräge entweder in allen Streitigkeiten gebraucht werden, welche zwischen den Herren eines Hauses entstehen möchten, oder nur in gewissen“.

So ergibt sich: die Grenze muß anders begründet werden, nicht aus EG. z. BGB. Art. 58, sondern aus ZPO. § 1025. Wie sie für das vereinbarte Schiedsgericht aus § 1025 folgt, so auch für das angeordnete.

ZPO. § 1025 bestimmt: „Die Vereinbarung, daß die Entscheidung einer Rechtsstreitigkeit durch Schiedsrichter erfolgen soll, hat insoweit Wirkung, als die Parteien berechtigt sind, über den Gegenstand des Streites einen Vergleich zu schließen“.

Dies heißt: die Parteien können den Schiedsweg bloß über Gegenstände vereinbaren, die ihrer freien Verfügung unterliegen.

So sagten auch früher die Prozeßordnungen sehr oft. Im Code de procédure civile Art. 1003 heißt es: „Toutes personnes peuvent compromettre sur les droits dont elles ont la libre disposition“. In der Allgemeinen Preußischen Gerichtsordnung von 1793 I 2 § 167 lesen wir: „Wenn den

Parteien über den Streitgegenstand die ganze freie und uneingeschränkte Disposition zusteht, so können sie die Entscheidung eines darüber unter ihnen obwaltenden Streites einem schiedsrichterlichen Ausspruche durch Kompromiß unterwerfen". Die badische ZPO. v. 18. März 1864 bestimmt ferner: „Die Wahl einer schiedsrichterlichen Entscheidung steht den Parteien zu in allen Streitigkeiten über Rechte, über welche sie frei verfügen können". Die bayr. ZPO. vom 29. April 1869 sagt in Art. 1319: „Die Parteien können die Entscheidung zwischen ihnen entstandener Rechtsstreitigkeiten, soferne dieselben Rechte betreffen, über welche sie frei zu verfügen befugt sind, Schiedsrichtern übertragen".

Die RZPO. ist wieder zur gemeinrechtlichen Formulierung zurückgekehrt. Das gemeine Recht erblickte dem kanonischen Rechte folgend im Schiedsvertrage einen durch die Schiedsrichter vermittelten Vergleich (s. Bornhak S. 17). Daher galt der Satz: Gegenstand des Kompromisses können nur Rechte sein, über welche die Parteien auch Vergleiche einzugehen berechtigt sind (Bornhak, S. 21). Wie aus dem preußischen Entwurfe zur Deutschen ZPO. von 1871 S. 508 zu entnehmen ist, kehrte das neue Reichsrecht zur gemeinrechtlichen Formulierung aus nebensächlichen Gründen zurück. Die Begründung sagt, macht man unbeschränkte Verfügungsbefugnis zur Voraussetzung, so werden insbesondere gesetzliche Vertreter handlungsunfähiger Personen ohne Not in der Vereinbarung von Schiedsgerichten beschränkt. Daher ist es zweckmäßiger zu formulieren: ein Schiedsgericht kann vereinbaren, wer die Befugnis besitzt, über den Streitgegenstand einen Vergleich zu schließen. Dann erhalten das Recht auch Personen mit beschränkter Verfügungsmacht. An dem Grundsatze, daß die Fähigkeit der Parteien, einen Schiedsvertrag zu schließen, die Berechtigung voraussetzt, über den Streitgegenstand zu verfügen, soll somit nichts geändert sein. Der wesentliche Gedanke des § 1025 ist daher: die Parteien können ein Schiedsgericht vereinbaren, wenn der Gegenstand des Streites ihrer Verfügungsgewalt unterliegt.

Dieser Gedanke ist nun gemäß § 1048 entsprechend auf das angeordnete Schiedsgericht anzuwenden. Entsprechend heißt sinngemäß. Der dem § 1048 entsprechende § 599 der österreichischen ZPO., den wir oben in § 6 zitierten, sagt auch: sinngemäß.

So entsteht die Frage, was ist der Sinn des § 1025? was ist der Beweggrund, aus dem der Gesetzgeber die Rechtsgültigkeit des Schiedsvertrages davon abhängig macht, ob die Parteien über den Gegenstand des Streites einen Vergleich schließen können?

Da ergibt sich sofort, daß zwischen Vergleich und Schiedsvertrag eine Wesensverwandtschaft existiert. Ohne sie hätten das kanonische und das gemeine und das preußische Recht im Schiedsvertrage nicht einen Vergleich erblicken können. Die Wesensverwandtschaft besteht darin, daß der Streit über ein Recht durch Verzicht beigelegt wird. Verschieden ist nur der Gegenstand des Verzichtes. Beim Vergleiche wird auf das streitige Recht (mehr oder weniger) verzichtet, beim Schiedsvertrage auf eine gewisse Geltendmachung, auf die Geltendmachung vor dem Richter. Zutreffend bemerkt Bornhak a. a. O. S. 1, 17, 29: Der Vergleich ist ein Vertrag über das streitige Rechtsverhältnis, der Schiedsvertrag ein Vertrag über die Geltendmachung des streitigen Rechts.

Das Wesen beider Verträge liegt daher im Verzichte. Nicht weil der Vergleich ein Vertrag ist, kann sein Gegenstand nur sein, was der freien Disposition der Parteien unterliegt, sondern der Grund hierfür ist, daß zum Vergleiche ein gegenseitiges „Nachgeben" (BGB. § 779) gehört. Niemand kann über etwas nachgeben, das er nicht aufgeben kann. Also ist Voraussetzung des Vergleiches eine Verfügungsbefugnis. Und ebenso gilt für den Schiedsvertrag: nicht, weil er ein Vertrag ist, sondern weil er eine Verfügung über die Geltendmachung enthält, ist Voraussetzung, daß die Parteien über die Geltendmachung verfügen können.

Der Grundgedanke des § 1025 ist deshalb: im Vergleiche wird über das streitige Recht, im Schiedsvertrage über die Art seiner Geltendmachung verfügt; wer über das Recht die Verfügung hat, soll auch über die Art seiner Geltendmachung verfügen können; wer das weitere Recht hat, soll auch das engere besitzen; aber dann soll er hier auch nicht leichter verfügen können, als dort; er soll hier an keine leichteren Voraussetzungen gebunden sein, als dort; auch hier soll gelten: der Vertrag ist lediglich möglich über Gegenstände der freien Disposition; das geringere Recht muß mindestens an dieselben Voraussetzungen gebunden sein, wie das stärkere.

Die Hauptsache ist die Feststellung: das Wesen des Schiedsvertrages besteht in einem Verfügen; also kann einen Schiedsvertrag nur eingehen, wer Verfügung über den Gegenstand besitzt. Diesen gedanklichen Zusammenhang — Verfügung über den Gegenstand logische Voraussetzung des Schiedsvertrages — bringt gut zum Ausdruck die preußische Gerichtsordnung von 1793 I 2 § 167: „Wenn den Parteien über einen streitigen Gegenstand die ganz freie unbeschränkte Disposition zusteht, so können sie die Entscheidung eines darüber unter ihnen obwaltenden Streites einem schiedsrichterlichen Ausspruche durch Kompromiß unterwerfen". Auch § 1025 der ZPO. bedeutet: Eine Vereinbarung, daß die Entscheidung einer Rechtsstreitigkeit durch Schiedsrichter erfolgen soll, hat nur rechtliche Wirkung, wenn die Parteien befugt sind, über den Gegenstand des Streites zu verfügen.

Der „Sinn" des § 1025 ist somit: diejenigen, die ein Schiedsgericht vereinbaren, müssen über den Gegenstand, für den sie das Schiedsgericht vereinbaren, verfügen können. Daraus folgt für die Übertragung dieses Sinnes auf § 1048: diejenigen, die ein Schiedsgericht anordnen, müssen über den Gegenstand, für das sie es anordnen, verfügen können. Die Verfügungsgewalt muß in § 1025 bei den das Schiedsgericht Bestimmenden, die Schiedsgerichtsklausel Schaffenden vorhanden sein, also auch im Falle des § 1048. Wer über den Gegenstand verfügen kann, vermag darüber auch ein Schiedsgericht anzuordnen. Wer über seinen Nachlaß verfügen kann, kann dafür auch ein Schiedsgericht anordnen; wer über eine Stiftung, ein Fideikommiß oder einen Verein verfügen kann, kann dafür auch ein Schiedsgericht anordnen. Und endlich: wer über Familienverhältnisse und Güter verbindliche Verfügungen erlassen kann, hat die Befugnis, darüber auch ein Schiedsgericht anzuordnen.

Aus der sinngemäßen Anwendung des § 1025 ergibt sich daher: wer Entscheidung durch Schiedsgerichte anordnen kann, vermag dies nur für Gegenstände, die seiner Verfügung unterliegen, sei dies eine rechtsgeschäftliche oder rechtsetzende. Das Wesen des Schiedsvertrages liegt in einem gewissen Verfügen über den Gegenstand; es wird über die Art seiner Geltendmachung verfügt. Auch das Wesen der Schiedsgerichtsanordnung besteht in einem Verfügen über die Art der Geltendmachung; es wird verfügt, daß das Recht nur vor dem Schiedsrichter geltend gemacht werde. Also ist auch hier Voraussetzung, daß die das Schiedsgericht Verfügenden über das Recht, den Gegenstand Verfügungsbefugnis besitzen. Jedermann kann nur für Angelegenheiten, über die er die Verfügung hat, somit nur für eigene Angelegenheiten Schiedsgerichte anordnen. Der Testator vermag es für seinen Nachlaß, der Fideikommißstifter für sein Fideikommiß, der Verein für seine, die juristische Person für ihre Angelegenheiten; demgemäß auch das standesherrliche Haus für seine, für die Hausangelegenheiten, für seine Familienverhältnisse und seine Güter.

In dem gleichen Gedankengange wie hier hat Kreittmayr in seinen Anmerkungen zur bayerischen Gerichtsordnung die sinngemäße Anwendung der Vorschriften über das vereinbarte Schiedsgericht auf das angeordnete gedeutet.

In der Gerichtsordnung 17. Kapitel § 2 ist bestimmt: „Ein Kompromiß ist, wenn sich die Theil soweit mit einander gütlich verstehen, daß sie ihre Nothdurft schrift- oder mündlich einem oder mehr die Sachen verständigen Schiedsrichtern fürbringen und den Ausspruch von selben gewärtigen wollen". § 3 fügt hinzu, daß das Kompromiß in allen bürgerlichen Sachen statthaft ist, „wenn es einen Vergleich leidet". Nach Kap. 17 § 1 Ziff. 6 muß die Sache, „worüber sich verglichen wird, so beschaffen sein, daß den Transigenten darüber zu handeln und zu disponieren freisteht". Und Kapitel 17 § 2 Ziff. 2 bestimmt nun über die durch letztwillig und andere Dispositiones verordnete Kompromisse, was wir schon früher — in § 6 — angeführt haben.

Hier handelt es sich darum, hervorzuheben, was der Kommentator zu Ziffer 12 bemerkt. Es lautet so: „Zuweilen verordnet testator oder primus fideicommittens, wie es auf den Fall, wenn sich zwischen seinen Nachkömmlingen Streit und Irre ergibt, gehalten werden soll, und setzt nicht nur gewisse Schiedsrichter, sondern schreibt auch den modum tractandi et finiendi litem vor. Da nun die successores zur Befolgung derer ab antecessoribus gemachter rechtmäßiger Verordnungen überhaupt verbunden sind, cum quisque rei suae legem dicere possit, so müssen sie sich solche auch in diesem Stück gefallen lassen und sind dergleichen angeordnete compromissa respectu desselben nicht mehr voluntaria, sondern necessaria dergestalt, daß einer auf Begehren des anderen interessierten Teils obrigkeitlich dazu angehalten werden mag“.

Keinem Zweifel unterliegt, daß zu den anderen Dispositiones, durch die Kompromisse angeordnet werden können, im Sinne Kreittmayrs auch Hausgesetze des Hochadels gehören. Durch Testament mit Zustimmung der Agnaten oder durch Hausverträge geben die Hausmitglieder ihren Sachen, den Haussachen Gesetz. Rei suae legem dicit der Chef, wenn er für eine Linie die Primogenitur oder den Heiratskonsens einführt. Einer Sache des Hauses gibt das Haupt desselben Norm, wenn es für die Erledigung von Streitigkeiten den Schiedsweg vorschreibt.

§ 11.

Angebliche Grenzen.

Es sind weitere Grenzen der Schiedsgerichtsbarkeit der Standesherren behauptet worden.

Zunächst wurde die Ansicht aufgestellt, die Hausgesetze könnten nicht anordnen, daß zu Schiedsrichtern nur Standesgenossen ernannt werden. Dadurch würden auf Umwegen wieder die Austräge — gemeint sind die Austrägalgerichte — eingeführt, die das GVG. beseitigt habe. Allein das, was die öffentlichen Schiedsgerichte von den privaten unterschied, war nicht ihre Zusammensetzung — auch die privaten waren aus Genossen oder Vertrauensmännern gebildet —, sondern ihre Befugnis. Die öffentlichen hatten Gerichtsgewalt, die privaten nicht.

Bedeutsamer ist eine andere Behauptung. Gesagt wird, Schiedsgerichte könnten nur für solche Gegenstände angeordnet werden, über welche nicht bloß die Anordnenden, sondern auch die dem Schiedsgerichte Unterworfenen, die Streitsteile, freie Verfügung hätten. Der Gegenstand des Rechtsstreites müsse für die der Schiedsgerichtsklausel unterworfenen Parteien vergleichbar, verzichtbar sein.

Diese Meinung beruht auf folgendem. Man glaubt, daß das den Schiedsweg anordnende Haus ihn nur für die Güter- und Familienverhältnisse des Hauses Angelegenheiten anordnen kann, folge schon aus Art. 58 des EG. z. BGB. Daher wird behauptet, die weitere Schranke ergebe sich aus der entsprechenden Anwendung des § 1025 auf § 1048. § 1025 auf das Rechtsverhältnis des § 1048, d. h. auf das angeordnete Schiedsgericht entsprechend angewendet, ergebe die Vorschrift: Die im Hausgesetze einer hochadeligen Familie getroffene Anordnung, daß die Entscheidung einer Rechtsstreitigkeit durch Schiedsrichter erfolgen solle, hat nur insoweit rechtliche Wirkung, als die Parteien berechtigt sind, über den Gegenstand des Streites einen Vergleich zu schließen.

Gegen diese Auffassung läßt sich natürlich nicht einwenden: das kann nicht richtig sein, denn Hausgesetze, die jene Grenze nicht beachteten, sind doch landesherrlich bestätigt worden. Die landesherrliche Bestätigung ist, wie wir früher sahen, nicht in der Lage, Verstöße gegen ein Gesetz, hier die RZPO., zu heilen. Was eingewendet werden kann, ist vielmehr dieses: wer in dieser Weise die Vorschrift des § 1025 auf § 1048 überträgt, wendet § 1025 auf § 1048 mechanisch, formalistisch, nicht entsprechend, nicht sinngemäß an.

Die Auffassung beachtet nicht, daß in dem Abschnitte der ZPO. über das schiedsrichterliche Verfahren das Wort Parteien in einer doppelten, nicht nur in einer einzigen Bedeutung vorkommt. Es bedeutet an den einen Stellen die das Schiedsgericht Bestimmenden, an den anderen die dem Schiedsgerichte Unterworfenen, an den einen Stellen die über, an den anderen die unter dem Schiedsgericht Stehenden, dort die Parteien des Rechtsverhältnisses, hier die Prozeßparteien. Als Parteien des Prozesses kommen die Parteien in Betracht in den §§ 1028—32 (Ernennung und Ablehnung von Schiedsrichtern), in § 1033 Ziff. 2 (Außerkrafttreten des Schiedsvertrages), in § 1034 Abs. 1 (Anspruch der Parteien auf Gehör), ferner in § 1035, 1036, 1037 (Parteieid, Antrag einer Partei, Einreden der Parteien), in den §§ 1039—1047 (Zustellung des Schiedsspruches, Wirkung desselben unter den Parteien, Antrag auf Aufhebung des Schiedsspruches und sonstiges Anrufen der Gerichte). Das Schiedsgericht bestimmende Partei bedeutet Partei in den §§ 1025 (Vereinbarung des Schiedsgerichts) und 1027 (Anspruch auf schriftliche Ausfertigung des Vertrags). Sowohl die eine wie die andere Bedeutung hat das Wort in § 1034 Abs. 2 (Bestimmung des Verfahrens) und in § 1035 erster Satz (Vorsorge für den Fall des Außerkrafttretens des Schiedsvertrages).

Uns geht § 1025 an. Der Sinn dieses Paragraphen ist verkannt, wenn man glaubt, der Gesetzgeber verlange, daß die Parteien in ihrer Eigenschaft als Prozeßparteien in der Lage sein müssen, über den Gegenstand des Streites einen Vergleich zu schließen. Der Grundgedanke des Paragraphen ist: wer das Recht, den Gegenstand, die Sache aufgeben kann, soll auch die Befugnis besitzen, eine besondere Art der Geltendmachung des Rechtes usw. aufzugeben; wer die Verfügung über das Recht hat, der darf auch über die Art der Geltendmachung verfügen. § 1025 zieht die Parteien daher in ihrer Eigenschaft über den Schiedsgerichten in Berücksichtigung. Sie kommen in § 1025 als die das Schiedsgericht Schaffenden in Betracht. § 1025 handelt von der rechtlichen Wirkung der Vereinbarung des Schiedsweges. § 1025 verlangt nur, daß derjenige, der die Schiedsgerichtsklausel schafft, Verfügung über den Gegenstand des Streites besitzt. Somit ist nur diese Rolle der Parteien auf die Bestimmung des § 1048 zu übertragen. Lediglich der das Schiedsgericht Anordnende, nicht auch die dem Schiedsgericht Unterworfenen müssen die Disposition über die Angelegenheit der Schiedsgerichtsbarkeit haben. Wer den § 1025 anders auf § 1048 anwendet, wendet ihn entgegen dem Sinne des § 1025 an. Das vereinbarte und das angeordnete Schiedsgericht haben den Ausnahmecharakter gemeinsam, daß dadurch für gewisse Streitigkeiten der ordentliche Rechtsweg ausgeschlossen wird. Dieser Ausnahmecharakter verlangt nach der Meinung des Gesetzgebers die Beschränkung der Wirksamkeit derartiger Anordnungen auf Streitigkeiten über solche Gegenstände, über die der Anordnende eine freie Verfügung hat; ob die Anordnung selbst durch Vertrag, Testament, Hausgesetz oder auf eine andere rechtlich statthafte Weise erfolgt ist, kann in dieser Hinsicht unmöglich einen Unterschied begründen; also müssen auch im Falle des § 1048 nur die das Schiedsgericht Anordnenden, nicht auch die dem Schiedsgericht Unterworfenen ein Verfügungrecht über den Gegenstand des Streites besitzen. Das Wesentliche an der Vorschrift des § 1025 ist nicht, daß die das Schiedsgericht Schaffenden einen Vertrag über den Gegenstand des Streits schließen können, sondern daß sie über den Gegenstand desselben zu verfügen vermögen. Deshalb ist zur sinngemäßen Anwendung des § 1025 auf § 1048 lediglich erforderlich, daß diejenigen, die das Schiedsgericht anordnen, nicht auch, daß diejenigen, denen das Schiedsgericht verordnet wird, über die schiedbare Angelegenheit zu disponieren vermögen. Ein Grund, aus dem der Gesetzgeber beim angeordneten Schiedsgerichte die Rechtsgültigkeit der Anordnung auch davon abhängig machen wollte, daß die der Schiedsklausel Unterworfenen ebenfalls über den Gegenstand verfügen können, läßt sich nicht ausdenken. Warum sollte derjenige, der andern etwas vorschreiben kann, an die Zustimmung dieser gebunden sein? Dadurch würde doch der Begriff des Anordnens, also des den Willen anderer Bestimmens aufgehoben. Nur wer den § 1025 buchstäblich mechanisch, äußerlich, also nicht dem Geiste, dem Sinne, dem Gedanken nach auf § 1048 überträgt, kann behaupten, die Anordnung des Schiedsgerichts im Sinne des § 1048 habe auch die Grenze, daß sie nur über Angelegenheiten statthaft sei, über welche diejenigen, für die die Anordnung verbindlich ist, ein Verfügungsrecht besitzen.

Für die abgelehnte Auslegung kann man sich auch nicht darauf berufen, daß gemäß § 1040 der Schiedsspruch unter den Parteien wirkt, denn die Parteien, die dort gemeint sind, sind diejenigen, die dem Schiedsgerichte unterstehen, daher die Prozeßparteien, nicht diejenigen welche das Schiedsgericht für den Gegenstand obligatorisch machen.

Wäre die Auslegung derer richtig, die sich bisher mit der Frage der entsprechenden Anwendung des § 1025 auf § 1048 beschäftigt haben, so müßte ferner folgerichtig sein, daß ein Schiedsspruch, der auf Grund des § 1048 gefällt wird, nicht nur die Streitsteile, sondern auch denjenigen bindet, welcher das Schiedsgericht angeordnet hat, also den Fideikommißstifter, den Verein, die standesherrliche Familie, somit Rechtssubjekte, die in dem Prozesse gar keine Parteien sind.

Als Zeugnis zugunsten der zurückgewiesenen Auslegung lassen sich keineswegs die Erläuterungen heranziehen, mit denen Kreittmayr den § 2 Ziffer 12 der bayrischen Gerichtsordnung versehen hat, von dem wir weiter oben sprachen. Wie in § 10 dargelegt, erblickt Kreittmayr den Grund für die Statthaftigkeit angeordneter Schiedsgerichte darin, daß die Rechtsnachfolger auch sonst zur Befolgung von rechtsmäßigen Anordnungen ihrer Vorgänger verpflichtet sind, da jeder „rei suae legem dicere possit".

Allein dieser Satz darf nicht dahin interpretiert werden, daß das Schiedsgericht nur für Rechte angeordnet werden könne, welche die Parteien mittelbar oder unmittelbar vom Anordnenden, also durch Zuwendung desselben haben. Diese Auslegung geht an für die Anordnung des Schiedsgerichts durch den Testator oder Fideikommißstifter. Hier heißt rei suae legem dicere über sein Vermögen eine Norm geben. In anderen Fällen ist res sua nicht gerade vermögensrechtlich aufzufassen. Res heißt einfach Angelegenheit. Der Verein kann für seine Angelegenheiten, das Haus für seine Sachen, die res domus, verbindliche Verfügungen treffen. Die Gegenstände, über die Parteien das Schiedsgericht anzurufen haben, brauchen sie nicht von dem den Schiedsweg Anordnenden zu besitzen. Von ihm haben z. B. die Hausmitglieder vielleicht das Privatvermögen nicht, dessen Übergang in das Hausgut ein Familienstatut vorzuschreiben befugt ist.

§ 12.
Die Zulässigkeit der Schiedsgerichtsklausel für Ebenbürtigkeitsfragen.

Wäre die eben abgelehnte Auslegung richtig, so würde daraus folgen, daß die angeordnete Schiedsgerichtsbarkeit sich nur auf Rechtsverhältnisse beziehen kann, die auch der Verfügung der Parteien unterstehen, welche den Schiedsweg betreten müssen, für sie verzichtbar, für sie schiedbar sind.

Hieraus ergibt sich aber keineswegs, daß der weitere Schluß richtig ist: zu den Rechtsverhältnissen, über welche die der angeordneten Schiedsklausel Unterworfenen nicht verfügen können, gehört die Ebenbürtigkeit, also kann für Streitigkeiten darüber der Schiedsweg nicht vorgeschrieben werden.

Viele haben dies behauptet. Abgeleitet wird es aus verschiedenem, aber alle beigebrachten Gründe sind unhaltbar.

A) Zunächst wird die Behauptung auf die rechtliche Natur, auf das Wesen der Ebenbürtigkeit gestützt. Sie sei begriffsmäßig keine der Verfügung derjenigen, die sie besitzen, unterliegende Angelegenheit.

Aufbaut sich diese Anschauung auf ein Dreifaches:

1. Erstens sagt man, die Ebenbürtigkeit sei ein status, kein subjektives Recht, somit ein Zustand, an dem, um mit Jellinek, System der subjektiven öffentlichen Rechte, 2. Aufl. S. 83 zu sprechen, das einzelne Recht anknüpfen kann, der aber selbst nicht Recht ist. Wie das Geschlecht, die Ehelichkeit, die Großjährigkeit, das Verheiratetsein usw., so sei auch die Zugehörigkeit eines Menschen zu einer bestimmten Klasse im Aufbau einer geburtsständischen Gesellschaftsordnung ein Status im Rechtssinne. Die allgemein gangbare und zutreffende Definition von Pernice (Labeo 1, S. 96): „status ist die einem bestimmten Menschen oder einer bestimmten Personenklasse zukommende Rechtsstellung" finde voll auf die Ebenbürtigkeit Anwendung. Auf ein Recht, aber nicht auf einen Status könne verzichtet werden.

Würde der Beweis zutreffen, so müßte gesagt werden: nur Rechte, nicht auch rechtliche Eigenschaften seien verzichtbar. Das ist aber falsch. Auf die Monarchen-, auf die Abgeordneten-, auf die Beamteneigenschaft, somit auf Stellungen, die unter den Statusbegriff fallen, ist Verzicht möglich. Nicht alle, sondern nur gewisse Statusrechte sind unverzichtbar. Daß gewisse Statusrechte dem Verzichte unterliegen, folgt nicht aus dem allgemeinen Statusbegriff, sondern aus der Bedeutung, die ihnen die betreffende Rechtsordnung zumißt. Wie es bei anderen Rechtsverhältnissen ihr Zweck, das durch sie dargestellte Interesse ist, das sie unverzichtbar macht, so ist es auch hier der Fall. Würde Unverzichtbarkeit zum Wesen des Status gehören, so wäre undenkbar, daß derselbe Status von der einen Rechtsordnung für unverzichtbar, von der anderen für verzichtbar erklärt wird. In der katholischen Kirche kann auf den geistlichen Stand nicht verzichtet werden, in der evangelischen ist es möglich. Folgt daraus, daß er im evangelischen Kirchenrecht nicht unter den Statusbegriff fällt? Die Freiheit war früher verzichtbar; heute ist sie es nicht mehr.

2. Zweitens wird bemerkt: weil die Ebenbürtigkeit ein Personenstand im Sinne des bürgerlichen Rechtes ist und Fragen des Personenstands

nach ausdrücklicher Gesetzesvorschrift nicht verzichtbar sind, ist es auch die Ebenbürtigkeit nicht. Unmöglich ist ein Verzicht in Ehesachen (ZPO. § 606). Nicht dem Verzichte unterliegen das Eltern- und Kindesverhältnis, die elterliche Gewalt, die Ehelichkeit (ZPO. §§ 640, 641), die Frage des Geboren- oder Gestorbenseins usw.

Die Ebenbürtigkeit aber ist kein Personenstand im Sinne des bürgerlichen Rechts. Gewiß gab es Prozeßordnungen — z. B. die bayerische von 1869 Art. 1320, Absatz 1 —, die Streitigkeiten über den Personenstand ausdrücklich der Entscheidung durch Schiedsrichter entziehen. Auch geltende Zivilprozeßgesetze tun dies noch, so der französische code de procédure civile. Nach seinem Artikel 1304 sind alle Fragen des Zivilstandes, somit alle Personenstandssachen nicht schiedbar. Sicher ist richtig, daß die Ebenbürtigkeit begrifflich zu denselben Kategorien von Personenstandssachen gehört, wie Ehelichkeit und Geburt. Ja man kann sogar sagen: die Qualifikation zum gewöhnlichen Eheschluß ist hier gesteigert, die Ebenbürtigkeit ist begrifflich ein potenzierter Personenstand; allein daraus folgt noch nicht, daß sie Personenstand im Sinne des positiven Rechtes ist. Darunter fällt nur die Frage des Geboren- oder Gestorbenseins, des Lebensfähig- oder Nichtlebensfähig-, des Ehelich- und des Nichtehelich-, des Verheiratet- und des Ledigseins; die Ebenbürtigkeit rechnet dazu nicht. Das Personenstandsgesetz findet darauf nicht Anwendung.

Andere erkennen an, daß die Ebenbürtigkeit nicht unter den Pesonenstandsbegriff des positiven Rechtes fällt, aber sie meinen, wenn die Standesmäßigkeit einer Ehe vielleicht auch keine Angelegenheit des Personenstands im engsten und eigentlichen Sinne des Wortes ist, so betrifft sie doch unter allen Umständen ein dem Personenstande nahe verwandtes Verhältnis; sie ist personenstandsartiger Natur; wenn nicht unmittelbar, so ist doch analog der Satz, daß auf den Personenstand nicht verzichtet werden kann, für die Ebenbürtigkeit maßgebend. Allein der Personenstand, Ehelichkeit und Unehelichkeit usw. sind nicht wegen ihrer rechtlichen Natur, weil sie eine durch Geburt erworbene Eigenschaft darstellen, sondern aus rechtspolitischen Gründen unverzichtbar. Die Ehe bildet eine Grundlage unserer Staats- und Gesellschaftsordnung; die wichtigsten Folgerungen knüpfen sich an sie für die Allgemeinheit. Ob man ehelich oder unehelich geboren ist, berührt deshalb tiefgreifende Gesamtinteressen. Aus dem Grunde sind Ehelichkeit und Unehelichkeit unverzichtbar. Ähnliche Gründe sind es auch, aus welchen die Fragen, ob geboren oder ungeboren, ob verheiratet, gestorben usw., der Verzichtsmöglichkeit entzogen sind.

Man wird einwenden, auch an die Ebenbürtigkeit knüpfen sich wichtige Folgen für die Allgemeinheit, z. B. die Steuer- und Militärfreiheit, die Möglichkeit, Mitglied der Ersten Kammer zu werden. Allein das sind doch im Verhältnis zu den andern genannten Eigenschaften nur Dinge von geringem Allgemeingewicht. Sie betreffen in erster Reihe Eigenschaften nur eines verhältnismäßig kleinen Personenkreises. Die Zahl der hochadeligen Familien ist gering. Die Wirkungen, die sich an die Ebenbürtigkeit gegenüber der Allgemeinheit knüpfen, sind wichtig für einen beschränkten Personenkreis, für das einzelne Individuum, nicht aber für den Staat, für die Gesellschaft als Ganzes. Eine Ebenbürtigkeit kann vom Hause, die Ehelichkeit nur vom Staate verliehen werden.

Vor allem aber ist doch der allgemeine Satz zu beachten: Rechtsregeln soll man so wenig als möglich aus dem rechtlichen Wesen, soviel als nur angeht dagegen aus dem Rechtsbedürfnis ableiten. In erster Linie muß gefragt werden, was verlangt das Lebensbedürfnis. Und da ist zu bemerken: das Bedürfnis der mediatisierten Häuser erfordert, daß die Ebenbürtigkeit verzichtbar ist. Es gibt Fälle, in denen es die Erhaltung der wirtschaftlichen und der sozialen Stellung der hochadeligen Häuser gebietet, daß Mitglieder auf die Zugehörigkeit zum Hause und damit auf ihren Geburtsstand verzichten. Sein standesherrliches Ebenbürtigkeitsrecht, d. h. die Standesgleichheit mit den regierenden Häusern, besitzt der Angehörige des mediatisierten Hauses nur durch seine Hausmitgliedschaft. Gibt er daher diese auf, so verliert er auch jene Ebenbürtigkeit. Das geltende Recht kennt deshalb einen Verzicht auf den Ebenbürtigkeitstatus. Z. B. der Prinz einer mediatisierten Familie will unebenbürtig heiraten; der Chef des Hauses verweigert ihm den Ehekonsens; wenn er aus dem Hause austritt, braucht er ihn nicht; er tut es; er hört damit auf, den regierenden Häusern ebenbürtig zu sein. Gewiß kommt vor, daß Hausmitglieder nur auf gewisse Rechte der Hausmitgliedschaft, auf das Erstgeburts- oder auf das Erbfolgerecht in die Standesherrschaft, auf Rang, Titel und gar Namen eines Hausangehörigen verzichten (einen anderen Namen annehmen). Aber nicht weniger oft begegnet, daß sie aus dem Hause völlig ausscheiden. Dann verlieren sie ihr Ebenbürtigkeitsrecht. Eine Durchsicht des Gothaer Hofkalenders ergibt bei einer Reihe von standesherrlichen Geschlechtern Fälle solcher Verzichte. Ich erwähne nur aus dem Hause Hohenlohe-Oehringen den Verzicht des am 20. Dez. 1871 geborenen Prinzen Ferdinand Alexander, der seit 30. Mai 1895 den erblichen Stand und Namen eines Freiherrn von Gabelstein führt. Es ist ein allgemeiner Rechtsgrundsatz, daß auf Adel verzichtet werden kann.

3. Als dritten Grund der Unverzichtbarkeit hat man angeführt den absoluten Charakter der Ebenbürtigkeit. Sie sei ein absolutes Recht.

Gedacht ist da an folgendes: wer einem standesherrlichen Hause angehört, ist im Zweifel nicht nur den Mitgliedern dieses Hauses, sondern allen standesherrlichen, ja auch allen regierenden Häusern standesgleich. Die Ebenbürtigkeit ist somit in bezug auf ihre Wirkung im Zweifel ein allgemeines Recht. S. mein Modernes Fürstenrecht, § 17; Schücking Art. Ebenbürtigkeit § 2 im Wörterbuch des Deutschen Staats- und Verwaltungsrechts, hrsg. v. M. Fleischmann, Bd. 1 (1911) S. 626.

Allein keineswegs gehört zum Wesen des der Wirkung nach absoluten Rechtes, daß es unverzichtbar ist. Das Eigentum ist ein Recht gegen jedermann, aber verzichtet kann darauf werden. Nicht vom Wesen des Rechts, sondern von dem Interesse, dem es dient, hängt ab, ob ein Recht verzichtbar oder unverzichtbar ist. Im Interesse des hochadeligen Standes liegt, daß, wie auf jeden Geburtsadel, auch auf diesen verzichtet werden kann. Dem Ansehen des Standes schädliche oder durch die Anforderungen des Standes beengte Mitglieder müssen aus ihm ausscheiden können. Jemand will sich am geschäftlichen Leben beteiligen. Da kann ihm die Zugehörigkeit zum hohen Adel hinderlich sein. Er will größere Bewegungsfreiheit haben. Die Hausmitgliedschaft bringt Unterordnung unter eine strenge Gewalt, vielen Repräsentationsaufwand mit sich. Könnte man sich ihr nicht entziehen, so wäre die Zugehörigkeit zu dem Stande Sklaverei.

B) Eine zweite allgemeine Ursache des Mangels freier Verfügbarkeit über die Ebenbürtigkeit wurde in dem Wesen des Vergleiches erblickt.

Man sagt: folgt die Unverzichtbarkeit nicht aus dem Wesen der Ebenbürtigkeit, so ergibt sie sich doch daraus, daß darüber kein Vergleich geschlossen werden kann.

Zum Wesen des Vergleiches — wird bemerkt — gehört ein Nachgeben, also die Möglichkeit teilweisen Aufgebens. Die Ebenbürtigkeit ist, wie Ehelichkeit oder Ledigsein, eine persönliche Qualifikation. Sie ist ganz oder gar nicht vorhanden. Diese Auffassung ist gewiß zutreffend. Allein das Nachgeben kann auch in einem völligen Aufgeben, in einem Verzichte bestehen. Streiten zwei Familienmitglieder A und B über die Standesmäßigkeit der Ehe des A, so läßt sich der Streit dadurch beilegen, daß B, obwohl die Ehe nach Hausgesetz unzweifelhaft standesungleich ist, erklärt, ihre Standesmäßigkeit nicht mehr bestreiten zu wollen, und andererseits kann A, obschon seine Ehe standesgemäß nach Hausgesetz ist, die Erklärung abgeben, daß er ihre Standesmäßigkeit nicht weiter behaupte. Eine derartige Vereinbarung erzeugt unter den Parteien nicht nur obligatorische Beziehungen, sondern sie beseitigt in dem einen Falle unter den Parteien die Standesungleichheit, in dem anderen die Standesgleichheit. Unter den Parteien ist das Rechtsverhältnis neu geordnet; dort ist die Standesmäßigkeit begründet, hier beseitigt. Der Vergleich mag das streitige Rechtsverhältnis gesetzwidrig geordnet haben; er ist maßgebend, so gut wie ein Urteil, das dem Gesetze widerspricht. Das Rechtsverhältnis ist unter den Parteien fortab ausschließlich nach dem Inhalte des Vergleiches zu beurteilen; also kann im Vergleiche auf Ebenbürtigkeit verzichtet werden.

Die Möglichkeit wird durch die morganatische Ehe bewiesen. Morganatisch ist eine Ehe, für die vertragsmäßig auf die besonderen Wirkungen verzichtet wird, die nach Fürstenrecht die Ehe mit dem Gliede eines hochadeligen Hauses zur Folge hat. Die herrschende Lehre behauptet zwar (s. Schücking a. a. O. S. 627), morganatische Ehen seien nur bei unebenbürtiger Heirat möglich. Aus der geschichtlichen Entwicklung, wie wir alsbald sehen werden, folgt, daß sie auch geschlossen werden können, wenn die Dame Ebenbürtigkeit besitzt[1]). Dann liegt in der Ehe zur linken Hand nicht nur ein Verzicht auf den Namen, Titel und das Wappen des hochadeligen Hauses und die Rechte gegen es auf fürstenmäßigen Unterhalt, sondern auch Verzicht auf die Standesmäßigkeit. Der am 17. Sept. 1905 gestorbene Prinz Nikolaus von Nassau erklärte sich in einer Vereinbarung vom 16. Febr. 1868 gegen gewisse Gegenleistungen damit einverstanden, daß seine Ehe mit der Russin Natalie von Puschkin, obwohl er sie für standesgemäß hielt, vom herzoglichen Hause Nassau als eine solche behandelt werde, die der Gattin und den Kindern nicht die Rechte bringt, die sich an eine hausgesetzmäßige Ehe knüpfen. Vergl. Rehm (in der Straßburger Festschrift für Laband 1908), Graf Merenberg und die Nachfolge in das Nassauische Hausfideikommiß, S. 25ff. Hier liegt Verzicht auf angestrittene Standesmäßigkeit vor. Durch die sog. Primogeniturkonstitution von 1761 — s. darüber Rehm am eben angeführten Orte, S. 20ff. — wurde im Hause Nassau-Weilburg der Erstgeburtsgrundsatz eingeführt. Der Gedanke war dabei, die nachgeborenen Prinzen sollten, weil das Hausgut sonst durch die Vererblichkeit der Apanagen, Wittume usw. zu sehr belastet würde, von nun an auf eine die Hausmitgliedschaft vermittelnde Ehe verzichten, also, wenn sie mit einer standesgemäßen Dame sich vermählen, dies morganatisch tun. § XV der Konstitution lautet: „Sollte auch ein apanagirter Printz (d. h. nicht nur der regierende Herr) mit Einverständnis des regierenden Herrn sich zu einer standesgemäßen (d. h. nicht nur morganatischen) Ehe mit einer Prinzessin oder doch mit einer Gräfin von einem alten reichsgräflichen Haus entschließen, so . . .“. Das Hausrecht geht somit davon aus, daß bei Verheiratung mit einer ebenbürtigen Dame auf die Ebenbürtigkeit der Ehe verzichtet werden kann.

Allein nun wird eingewendet: Trotzdem ist kein Vergleich darüber möglich; denn das Nachgeben auf der anderen Seite müßte in einer Abfindung, einem Entgelt liegen; es wäre also der Fall der Aufgabe eines ideellen Wertes, eines sittlichen Gutes gegen Entgelt gegeben und eine solche Abmachung verstoße gegen die guten Sitten und sei daher in Hinblick auf BGB. § 138 nichtig.

---

[1]) Ebenso Löning a. a O., S. 96.

Hier ist das Wesen der Ebenbürtigkeit im Privatfürstenrechte verkannt. Es ist kein sittlicher, sondern ein gesellschaftlicher Begriff. Standesungleiche Ehen werden nicht als sittlich minderwertig angesehen. Bei dem Streben nach Erhaltung des Familienglanzes ist in erster Linie an Erhaltung der Hausmacht gedacht. Von den Nachgeborenen wird — wie die Weilburger Primogeniturkonstitution zeigt — standesungleiches Verheiraten erwartet. Man erwartet es von ihnen, wie man von ihnen erwartet, daß sie in den geistlichen Stand treten. Die wirtschaftliche Kraft des Hauses, um deren Bewahrung willen das Primogeniturrecht eingeführt ist, soll nicht auf lange Zeit durch Apanagen geschwächt werden; das würde aber bei hausgesetzmäßigen Ehen der Fall sein; denn dann müssen die Apanagen vererblich sein; die fürstenmäßige Unterhaltung von Frauen und Kindern macht hohen Aufwand erforderlich. Deshalb wird der Grundsatz eingeführt, daß Nachgeborene zu standesmäßiger Verheiratung der Genehmigung des Familienhauptes bedürfen. Siehe Rehm am eben angeführten Orte, S. 20, 34. Manche Fürsten heirateten in zweiter Ehe nur deshalb zur linken Hand, um dem Hause einen fürstlichen Haushalt mehr zu ersparen.

C) Aber noch anderen Einwendungen ist zu begegnen. Schücking a. a. O., S. 627, stellt den Satz auf, der Staat gestattet dem Privatfürstenrecht nur eine Disposition über die Erfordernisse der Ebenbürtigkeit und die Wirkungen der Unebenbürtigkeit. Er will damit begründen, daß jedenfalls heute morganatische Ehen nur bei Standesungleichheit zulässig seien. Sei eine Ehe nach Hausrecht oder gemeinem Privatfürstenrechte einmal ebenbürtig, so sei sie ein matrimonium legitimum (eine hausgesetzliche Ehe) und habe dessen Wirkung; zu einer vertragsmäßigen Abänderung derselben sei keine rechtliche Möglichkeit gegeben.

Diese Behauptung läßt folgenden Gedankengang vermuten. Die Bundesakte Art. 14a hat den mediatisierten Häusern ein subjektives Ebenbürtigkeitsrecht gegenüber den regierenden Familien gewährleistet (Schücking, S. 626). Dies Recht besitzt somit jedes Hausmitglied kraft Landesgesetzes, denn durch Landesgesetz ist die Bundesakte Recht geworden. Landesgesetz geht nach EG. z. BGB. Art. 58 den Hausverfassungen vor. Daher kann Fürstenrecht Hausmitglieder nicht mit dem Rechte ausstatten, im Wege des Abschlusses von Ehen zur linken Hand oder sonstwie auf die Ebenbürtigkeit ihrer Ehen zu verzichten.

Ein solcher Gedankengang könnte nicht mitgemacht werden. Derselbe Staat, der durch Einführung des Art. 14 der Bundesakte den Angehörigen der mediatisierten Familie das Recht der Ebenbürtigkeit mit den regierenden Häusern erhielt, erhielt den standesherrlichen Geschlechtern auch das Recht, ihre Familienverhältnisse im Rahmen der Grundsätze der früheren deutschen Verfassung zu ordnen. Die mediatisierten Familien besitzen deshalb nach wie vor die Befugnis, Erwerb und Verlust der Familienmitgliedschaft zu regeln. An den Abschluß einer unebenbürtigen oder hausgesetzlich nicht genehmigten Ehe können sie z. B. den Verlust der Hausangehörigkeit knüpfen. Vergl. Löning, S. 98. Die Ebenbürtigkeit ist eine Folge der Hausmitgliedschaft. Also kann auch diese entzogen werden. Ist das Hausrecht aber in der Lage, die Ebenbürtigkeit zu nehmen, so ist es auch befugt, den Verzicht darauf zuzulassen.

Ganz abgesehen davon fehlt jeder innere Grund, der rechtfertigte, daß diese Ebenbürtigkeit unverzichtbar sei. Welches Gesamtinteresse sollte dies erfordern? Auf alle Wirkungen der Hausmitgliedschaft, auf Name, Titel, Rang, Apanage, Wittum, Beisteuer usw. kann verzichtet werden; die Mitgliedschaft als ganzes ist verzichtbar. Welches Gesamtinteresse wäre so stark, daß es Unverzichtbarkeit der Ebenbürtigkeit geböte?

§ 13.

Weiteres über die Ebenbürtigkeitsfrage.

Die Bedenken gegen die Schiedsbarkeit von Ebenbürtigkeitsangelegenheiten sind noch nicht zu Ende.

A) Zunächst hören wir den Einwand: Selbst wenn die Ebenbürtigkeit verzichtbar und demgemäß an sich vergleichbar ist, so ist ein solcher Vergleich doch dann unmöglich, wenn nach dem Hausgesetze das Haupt des Hauses es ist, das bei der Eingehung von Ehen über die Standesmäßigkeitsfrage zu entscheiden hat.

Ein Hausgesetz z. B. bestimmt: „Dem Haupte des Hauses steht die Entscheidung über die Standesmäßigkeit zu. Seine Entscheidung für die Standesmäßigkeit kann nicht angefochten werden“.

Hier — wird gesagt — entscheidet der Chef als Richter; somit kann er nicht auch Partei sein; und zwei Parteien gehören zu einem Vergleiche.

Da ist übersehen, daß der Chef nicht als Richter entscheidet, sondern als Träger der Hausgewalt, im Namen des Hauses. In anderen Häusern entscheidet ein Agnatenausschuß, ein Familienrat über Zweifel. Er prüft somit im Namen der anderen, am Ebenbürtigkeitsverhältnis beteiligten Partei. Demgemäß fehlt es auch nicht an der zweiten Partei zum Vergleichsvertrage.

B) Ein zweites Bedenken lautet: Es reicht nicht aus, daß die dem angeordneten Schiedgerichte Unterworfenen auf den Gegenstand des Streites verzichten können; sie müsssn ihn auch von dem Anordnenden haben; ihr Recht der Ebenbürtigkeit besitzen die Angehörigen des standesherrlichen Adels aber nicht durch Zuwendung vom Hause, sondern kraft eigenen Rechts auf Grund der Tatsache, daß die Familie früher reichsständisch war und das Recht der Ebenbürtigkeit ihr durch Landesgesetz gewährleistet ist.

Hier ist verkannt, daß die Anordnungsgewalt nicht gerade vermögensrechtlicher Natur zu sein braucht, mit Verfügung über Vermögen zusammenhängen muß. Darauf wurde bereits in § 11 am Ende hingewiesen. Der Testator verfügt über den Verbleib seines Vermögens, das standesherrliche Haus dagegen über Familienverhältnisse. Es ist nicht notwendig, daß sie von ihm herstammen; erforderlich ist nur, daß sie zu ihm gehören. Und die Ebenbürtigkeit gehört dazu, denn sie betrifft Eigenschaften seiner Mitglieder und die Erfordernisse der Fähigkeit, Hausmitglied zu werden.

C) Weiter wird uns gesagt: Auch wenn die Ebenbürtigkeit als solche der freien Verfügung unterliegt, verzichtbar ist, so kann das Haus doch den Rechtsweg nicht ausschließen.

Aus mehreren Ursachen soll dies unstatthaft sein.

1. Einmal, weil an die Mitgliedschaft sich öffentlichrechtliche Verhältnisse knüpfen: Anspruch auf Sitz und Stimme im Oberhause, Befreiung von der Wehrpflicht, Steuerfreiheiten. Die Ebenbürtigkeit sei Voraussetzung der Hauszugehörigkeit; also diese Vorrechte mittelbar Folgen der Ebenbürtigkeit. Wäre der Rechtsweg ausschließbar, so könnte das Schiedsgericht auch über öffentlichrechtliche Verhältnisse entscheiden, eine Verfügungsgewalt besitze das Haus aber nur über Privatrechtssachen (EG. z. BGB. Art. 58).

Allein dann müßte gefolgert werden: auch das ordentliche Zivilgericht kann über die Mitgliedschaft nicht entscheiden. Denn auch ihm geht die Zuständigkeit ab, über öffentlichrechtliche Dinge, wie Zugehörigkeit zur Ersten Kammer, Steuerfreiheit usw., zu erkennen. Abgesehen davon aber entscheiden die bürgerlichen Gerichte über gar manche Zivilverhältnisse, an die sich öffentlichrechtliche Wirkungen knüpfen. Das Gericht entscheidet, ob ein Kind ehelich ist. Nach der Ehelichkeit bestimmen sich z. B. die Staatsangehörigkeitsverhältnisse.

2. Ebensowenig haltbar ist deshalb eine zweite Begründung. Man argumentiert: Die Festsetzung der öffentlichrechtlichen Wirkungen der Hausmitgliedschaft gehört zu den höheren Regierungsrechten im Sinne der Bundesakte; diese besitzen die Standesherren nach ausdrücklicher Vorschrift der Bundesakte über ihre Familien nicht mehr; sie gehören „zur Staatsgewalt"; demgemäß sind die Mediatisierten auch nicht in der Lage, die Entscheidung über diese Wirkungen dem Staate durch Ausschluß des Rechtsweges zu entziehen.

Das Wesen der Bestimmungen über öffentlichrechtliche Wirkungen der Zugehörigkeit zum hohen Adel ist hier stark verkannt. Die Bestimmungen haben doch die Bedeutung: wenn jemand Standesherr ist, hat er Steuer- und Militärfreiheit und Sitz in der ersten Kammer. Somit liegt in einem Hausgesetze, das die Entscheidung über die Frage, ob jemand Mitglied des Hauses ist, dem Schiedsgerichte zuweist, keine Anmaßung öffentlichrechtlicher Gesetzgebungsbefugnis. Das Hausgesetz entzieht dem Staatsgerichte nur die Entscheidung privatrechtlicher Fragen.

3. Endlich die dritte und letzte Begründung. Es wird behauptet: mag das hochadelige Haus nach den Grundsätzen früherer deutscher Verfassung auch sonst die Befugnis gehabt haben, für seine Schiedsgerichte die Appellation an die Reichsgerichte auszuschließen, in Ebenbürtigkeitssachen besaß es die Befugnis jedenfalls nicht; also fehlt ihm auch jetzt die Kompetenz, über solche Fragen den ordentlichen Klagweg zu verbieten.

Die Behauptung, die hochadeligen Geschlechter hätten nach früherem Rechte in Ebenbürtigkeitsstreitigkeiten die Appellation nicht untersagen können, ist falsch.

Um das Gegenteil zu begründen, wird auf die Tatsache hingewiesen, daß der Kaiser, selbst wenn dies dem Hausgesetze der betreffenden Familie zuwider lief, Standeserhöhungen mit der Wirkung vornehmen konnte, daß dadurch die Person, die nach dem Hausgesetze nicht standesgemäß war, Mitglied dieses Hauses wurde. Die Tatsache sei auf ihre Richtigkeit hier nicht weiter untersucht. Man vergleiche darüber mein Modernes Fürstenrecht S. 207 und Schoen, Das kaiserliche Standeserhöhungsrecht und der Fall Friesenhausen 1905 S. 23, 32 und 108. Allein daraus, daß der Kaiser im Widerspruche mit den Ebenbürtigkeitsgrundsätzen eines Hauses in dieses hinein Standeserhöhungen vornehmen kann, folgt doch keineswegs, daß Hausgesetze den ordentlichen Rechtsweg in Ebenbürtigkeitssachen nicht verlegen dürfen. Denn was aus dem Umstande, daß der Kaiser Standeserhöhungen gegen das Hausgesetz vorzunehmen vermag, sich ableitet, ist nicht die Folgerung: Hausgesetze, welche die Ebenbürtigkeit beschränken, sind ungültig, sondern lediglich die Folgerung: das kaiserliche Standeserhöhungsrecht geht der Satzungsgewalt des Hauses vor. Daraus, daß das Reich die Vorschriften des Hauses aufheben kann, folgt keineswegs, daß das Haus, solange dies nicht der Fall ist, über die Materie keine Vorschriften erlassen darf. Das Deutsche Reich von heute kann eine Allgemeine Reichserbschaftssteuer einführen, also den Einzelstaaten die Erbschaftssteuerhoheit entziehen. Daraus ergibt sich nicht, daß Landeserbschaftssteuergesetze, solange keine solche Reichssteuer eingeführt ist, ungültig sind.

In der zurückgewiesenen Behauptung liegt aber noch ein anderer Satz. Man folgert: weil ein Reichsorgan über den Kopf des Hauses hinweg Ebenbürtigkeit verleihen darf, kann die Entscheidung darüber, ob es diese Befugnis besitzt, auch keinem Reichsorgane, den Reichsgerichten, entzogen sein.

Der Schluß läßt sich nicht halten. Daraus, daß der Kaiser die Befugnis besitzt, dem Hausrechte zuwider Ebenbürtigkeitsverleihungen vorzunehmen, ist höchstens der Schluß zu ziehen: das Haus darf über Ebenbürtigkeitsverleihungen keine Vorschriften erlassen. Unmöglich ist der Schluß: das Haus darf für Streitigkeiten über Ebenbürtigkeitssachen den Rechtsweg nicht ausschließen. Denn die Frage, ob der Kaiser zu Ebenbürtigkeitsverleihungen befugt ist, ist eine ganz andere, als die, ob, wenn über dies Recht gestritten wird, der Streit vom Hausgesetze dem Schiedswege an Stelle des Rechtsweges zugewiesen werden kann. Das eine ist eine Frage des materiellen, das andere eine solche des formellen Rechts. Setzen wir den Fall: der deutsche Kaiser von heute besitze die Zuständigkeit, Landesgesetze aufzuheben. Daraus, daß er dies vermag, folgt nicht, daß, wenn die Frage strittig wird, ob er es vermöge, darüber nur ein Reichs- und nicht auch ein Landesgericht befinden kann.

Ferner ergibt sich daraus, daß der Reichshofrat darüber entschied, ob der Kaiser ein derartiges Verleihungsrecht besitze, keineswegs, daß er allein befugt war, darüber zu erkennen. Die Reichsgerichte waren, wenn es sich um Prüfung kaiserlicher Akte handelte, sowenig ausschließlich zuständig, wie heute das Reichsgericht, wenn die Rechtsgültigkeit kaiserlicher Verordnungen nachzuprüfen ist. Deswegen, weil eine Standeserhöhung allein dem Kaiser zusteht, folgt nicht, daß über das Vorhandensein von Standeserhöhung lediglich Reichsgerichte entscheiden dürfen. Der Reichshofrat kann darüber entscheiden, wenn er zuständig ist; also hat er dafür nicht ausschließliche Zuständigkeit. Seine Zuständigkeit konnte durch privates Schiedsgericht ausgeschlossen werden.

Indes selbst, wenn die andere Beweisführung zuträfe, müßte dies nicht auch jetzt noch gelten.

Man sagt: Die Mediatisierten behielten „das Recht der Ebenbürtigkeit in dem bisher damit verbundenen Begriffe“. Somit verblieb ihnen in bezug auf Ebenbürtigkeit lediglich das bisherige Recht. Deshalb besitzen sie, wenn sie die Befugnis bisher nicht besaßen, auch jetzt nicht die Befugnis, über Ebenbürtigkeit zu entscheiden. Daher ist die Anordnung eines Schiedsgerichts hierüber nicht statthaft im Sinne von ZPO. § 1048, denn sie widerspricht der Bundesakte. Allein die Bundesakte formuliert: sie haben das Recht der Ebenbürtigkeit in dem bisherigen Sinne, nicht: das Recht über die Ebenbürtigkeit im bisherigen Sinne. Sie behalten die Eigenschaft, ebenbürtig zu sein. Ob sie das Recht behielten, über die Ebenbürtigkeit zu bestimmen, das beurteilt sich nach einer anderen Ziffer der Bundesakte: „verbindliche Verfügungen“ über Ebenbürtigkeit.

So erweisen sich denn alle Gründe, auf die der Satz gestützt werden will: „für Ebenbürtigkeitssachen kann der Schiedsweg nicht angeordnet werden“, als unzureichend.

Nicht zuletzt widerspricht die Behauptung der geschichtlichen Erfahrung. Von jeher haben die hochadeligen Familien viele Streitigkeiten erledigt durch Anerkenntnis, Verzichtleistung, gerichtlichen und außergerichtlichen Vergleich. Genannt seien z. B. aus dem Hause Bentheim ein „Vergleich“ zwischen dem Grafen Eberwein und dem Bischof Heinrich zu Münster von 1488, ein Vergleich über die morganatische Ehe des Grafen Ernst Wilhelm mit Getraut von Zelst 1603, das Vergelyk-Kompromiß von 1701, aus dem Hause Castell ein Vergleich zwischen den Häusern Castell, Limpurg und Schwarzenberg von 1535, im Hause Erbach ein Erbschaftsvergleich von 1618, aus dem Hause Isenburg ein Vergleich über die Erbschaft des dreieichischen Stammteils von 1654, vom Hause Leiningen ein Einigungs- und Aussöhnungsvertrag des Jahres 1614 und ein Vergleich von 1681, aus dem Hause Oettingen ein Präliminarhausvergleich von 1781, aus der Familie Sayn ein Erbschaftsvergleich von 1437, ein Schwarzenbergscher Erbvergleich von 1582, Wieder Vergleiche von 1691, 1692, 1693. Man sehe nur die Aufzählung von Familienverträgen bei Kohler, Privatfürstenrecht S. 333 ff. Wie viele Hausvereinigungen tragen dann den Namen Rezeß, also Nachgeben, Verzicht! In all den genannten Urkunden handelt es sich zumeist um Erbschaftsteilungen. Auf alle möglichen Rechte, welche Ebenbürtigkeit voraussetzen, wird verzichtet: auf Erbschaftsanteile, Vorrang, Apanagen, Titel, Namen. Auf alles dies soll verzichtet werden können, auf die ganze Hausmitgliedschaft soll es möglich sein, auf die Ebenbürtigkeit selbst aber nicht! Dabei ist gerade sie nicht selten die Ursache des Streites. In dem Vergleiche wird also der Streit über sie beigelegt und trotzdem soll sie nicht vergleichbar sein. Erst vor wenigen Jahren — 1910 — wurde der Prozeß des Grafen von Merenberg um Nachfolge in das Nassauische Hausfideikommiß, der auf die Behauptung der Ebenbürtigkeit gestützt war, durch Prozeßvergleich erledigt. Das beweist doch, daß die Ebenbürtigkeit verzichtbar ist.

Die Folge der gegenteiligen Meinung wäre, daß über die Ebenbürtigkeit auch keine vereinbarten Schiedsgerichte möglich sein könnten. Ja man müßte sagen, auch über die Wirkungen der Hausmitgliedschaft könnten Schiedsverträge nicht stattfinden, wenn der Streit darüber seine Ursache in Meinungsverschiedenheiten über die Ebenbürtigkeit hat. Im Wesen des gerichtlichen Urteils liegt es ja nicht, daß seine Rechtskraft sich heute auf den geltend gemachten Anspruch beschränkt (ZPO. § 322). Der Rechtssatz erklärt sich aus Zweckmäßigkeitserwägungen. Jedenfalls gilt er deshalb nicht für den Schiedsspruch. Man wäre somit gezwungen, zu behaupten, in Fällen, in welchen der Streit um Sukzession, Apanage, Ausstattung usw. wegen bemängelter Ebenbürtigkeit ausbricht, sei darüber ein Schiedsspruch nicht möglich, weil in ihm über die Ebenbürtigkeit mit entschieden würde und Ebenbürtigkeit nicht schiedbar ist. Die Schiedssprüche im Falle Lippe von 1897 und 1905 erkannten auch über die Ebenbürtigkeit. Ihre Gültigkeit gegenüber dem Lande mag durch Landesgesetz bedingt gewesen sein; ihre Rechtskraft unter den Parteien entnahmen sie aus dem Schiedsvertrage.

Die Hausmitgliedschaft ist ein wirtschaftlich wertvolles Recht, also ist auch die Grundlage hiervon ein wirtschaftliches Gut. Was wirtschaftlichen Wert hat, das macht das Bedürfnis auch verzicht- und vergleichbar. Graf Merenberg hat seine Ansprüche auf Nachfolge in das Nassauer Hausgut gegen eine Jahresrente von 40000 Mk. aufgegeben. Im katholischen Kirchenrechte ist heute noch der Verzicht auf das Amt unter Vorbehalt einer Rentenzahlung aus der Pfründe, die sogenannte Resignatio beneficii, statthaft.

§ 14.

Die Schiedsgerichtsbarkeit über Dritte.

Die Grenze: „Die Schiedsautonomie kann lediglich für Gegenstände gelten, über welche die ihr Unterliegenden verfügen können“ mußten wir ablehnen. Dagegen gibt es noch eine dritte echte, wenn auch durch Ausnahmen durchbrochene Grenze: über Nichtmitglieder besitzt das Haus keine Schiedsautonomie.

I. Zunächst ist zu bemerken: die ZPO. selbst schreibt darüber nichts vor. Das Prozeßgesetz verlangt nicht, daß bestimmt wird, für welche Personen der Schiedsweg gelten soll, sondern es fordert bloß, daß die Rechtsverhältnisse, über die nur so soll entschieden werden können, bestimmt werden.

Die Frage beantwortet sich somit nach den Gesetzen und Rechtsnormen, die standesherrliche Schiedsgerichte gestatten.

Da ergibt sich eines sofort. Mangels anderer Vorschrift gelten die Grundsätze der früheren deutschen Verfassung weiter. Daher werden durch derartige Schiedsklauseln jedenfalls nicht berührt subjektive Rechte, die zur Zeit des Erlasses eines solchen Hausgesetzes bereits bestehen. Wohlerworbene Rechte sowohl von Hausmitgliedern wie von Draußenstehenden bilden nach den Grundsätzen der früheren deutschen Verfassung eine Schranke der Autonomiegewalt (vergl. Löning S. 75, 87). Dabei ist es deshalb geblieben.

Andrerseits gilt unter allen Umständen: soweit das Familienstatut Rechtsverhältnisse der Hausgüter und der Familienverhältnisse in gesetzlich statthaftem Umfange regelt, müssen andere diese Rechtsordnung anerkennen. Beschränkt ein Hausgesetz die Testierfreiheit der Familienangehörigen, so können Dritte keineswegs entgegensetzen, nach BGB. hätten die Mitglieder freies letztwilliges Verfügungsrecht, und bestimmt eine Hausrechtsnorm, das Familiengut soll unveräußerlich und unpfändbar sein, so dringt ein anderer nicht mit dem Einwande durch, das bürgerliche Recht kenne die Beschränkung nicht. Die Vorschriften der Hausgesetze darüber, wer Hausmitglied ist, wer Nachfolgerecht hat, müssen auch Nichthausangehörige anerkennen.

Das folgt nicht aus der Autonomiebefugnis, sondern daraus, daß EG. z. BGB. Art. 58 bestimmt, Autonomierecht gehe bürgerlichem Rechte vor. Kraft Staatswillens sind diese Normen daher auch für andere verbindlich. Wären sie nicht auch nach außen wirksam, so wäre das Vorrecht wertlos.

Indirekt wird diese Wirkung auch gegenüber Nichthausmitgliedern anerkannt im EG. z. BGB. Art. 61. Dieser Artikel beschränkt die Wirksamkeit nach außen, indem er vorschreibt, daß auf den Erwerb von Gegenständen, deren Veräußerung oder Belastung nach Hausrecht verboten oder beschränkt ist, trotzdem die Vorschriften des BGB. zugunsten desjenigen gelten sollen, der Rechte von einem Nichtberechtigten herleitet. Hierüber Löning S. 80. Art. 61 macht eine Ausnahme von Art. 58. Der Satz wäre überflüssig, wenn nicht an sich die Norm gelten würde: was das Hausgesetz für unverkäuflich und unverpfändbar erklärt, ist es auch für den Dritten, der es kaufen und zu Pfand nehmen will.

In den bisher besprochenen Fällen handelt es sich um Vorschriften, die über Hausmitglieder und Hausgüter, also über Rechtsverhältnisse erlassen werden, an denen Dritte nicht beteiligt sind. Eine andere Frage ist: was gilt für Rechtsverhältnisse, an welchen auch andere beteiligt sind, die also Dritte unmittelbar angehen? Man denke an die Ehen von Mitgliedern mit Nichtmitgliedern. Kann das Haus bei Rechtsverhältnissen, die Hausangehörige und Nichthausangehörige verbinden, auch über diese Vorschriften erlassen? Ist es der Fall, so unterstehen sie seiner Autonomiegewalt. Ein Hausgesetz schreibt vor: die Ehe eines Hausgenossen ist hausrechtlich unwirksam, wenn sie den Konsens des Familienhauptes nicht erhält. Verpflichtet die Vorschrift auch den nicht dem Hause angehörigen Eheteil?

Die Entscheidung liegt nahe. Der Staat räumt dem Hause die Autonomie über seine Familienverhältnisse ein. Familie ist hier nicht die Familie des bürgerlichen Rechts, sondern eine Standesgenossenschaft. Zu den Familienverhältnissen im Sinne des Art. 58 rechnet deshalb vor allem die Frage der Aufnahme in den Verband, so gut wie zu den Vereinsverhältnissen die Frage des Erwerbs der Vereinsmitgliedschaft. Das standesherrliche Haus darf über den Erwerb der Hauszugehörigkeit daher Bestimmungen treffen. Diese berühren notwendig Draußenstehende. Also besitzt das Haus insoweit Autonomiegewalt über Dritte. Die Vorschriften des Fürstenrechts über Ebenbürtigkeit von Nichtmitgliedern sind demgemäß für diese verbindlich.

Löning hat a. a. O. S. 87 formuliert: „Für Personen, die dem Hause nicht angehören, ist das Hausrecht insoweit verbindlich, als sie in Rechtsverhältnisse mit Mitgliedern treten und das Hausrecht die rechtliche Wirksamkeit der von den Mitgliedern vorgenommenen Handlungen bestimmt“.

Die Formulierung ist zutreffender, wenn sie lautet: Nichtmitglieder unterliegen dem Hausrechte, soweit sie in Rechtsverhältnisse zum Hause oder seinen Mitgliedern treten, die im Sinne von EG. z. BGB. Art. 58 Familienverhältnisse sind. Wie die Naturalisationsvorschriften des Staates für Ausländer verbindlich sind, sind es Vorschriften des Hauses über Mitgliedschaftserwerb für Nichthausangehörige.

Deshalb ist die mediatisierte Familie in der Lage, über diesen Mitgliedschaftserwerb alle Vorschriften zu treffen, die dem splendor familiae dienen. Ihm dient, daß Streitigkeiten über den Erwerb nicht vor dem öffentlichen Gerichte verhandelt werden. Deshalb ist eine Schiedsklausel der Hausgesetze auch für Dritte verbindlich, welche die Hausmitgliedschaft erwerben wollen.

Es ist versucht worden, die Geltung der Vorschrift für Draußenstehende anders zu konstruieren.

Zunächst hat man gesagt: die Rechte von Frauen und Kindern im Hause sind abgeleitet; nur durch den Mann oder den Vater erwerben sie Mitgliedschaft; also müssen die Vorschriften über den Ehemann und Vater auch für seine Familie gelten. Richtig ist die Behauptung, die Mitgliedschaft der Familie sei eine unselbständige. Gibt das Familienhaupt die Zugehörigkeit zum Hause auf, so geht sie in der Regel auch seiner Familie verloren. Aber würde diese Abhängigkeit der Mitgliedschaft von Frau und Kindern der Grund der Geltung des Hausrechtes für sie sein, so könnte das Hausrecht für sie erst von dem Momente an gelten, wo die Ehe mit den Vollwirkungen ausgestattet ist, denn vorher besitzen Ehefrau und eheliche Kinder nur die Fähigkeit, Mitglieder zu werden, da der hausherrliche Konsens noch aussteht. Jedenfalls sind andrerseits die Mitgliedschaftsrechte von Frau und Kindern von dem Augenblicke an selbständig, wo der Familienvorstand seine Hauszugehörigkeit aus einem Grunde verliert. der nicht auch die seiner Angehörigen berührt. Ich denke z. B. an Verlust zur Strafe oder an Verzicht nur für seine Person.

Die Folge der Theorie vom abgeleiteten Rechte wäre, daß, wenn der Ehemann an der Feststellung der Standesmäßigkeit der Ehe kein Interesse hat, weil nach seiner Meinung die Voraussetzungen der Standesmäßigkeit fehlen, Frau und Kinder den Vorschriften des Hausrechtes über Ausschluß der ordentlichen Gerichtsbarkeit nicht unterworfen wären. Nicht weil ihre

Rechtsstellung von der des Familienvorstandes abgeleitet ist, sondern weil ihre Rechtsstellung ein Familienverhältnis im Sinne von Art. 58 des EG. z. BGB. ist, gilt für sie das Hausrecht.

Eher läßt sich eine andere Erklärung hören: Wer den Anspruch erhebt, als ebenbürtig und damit als aufnahmefähig anerkannt zu werden, will damit Vorteile aus dem Hausrechte, Vorzüge, die der splendor familiae mit sich bringt, geltend machen; deshalb hat er auch die Opfer und Nachteile in den Kauf zu nehmen, die mit jenen Vorzügen sachlich zusammenhängen, namentlich also den Nachteil, daß er auf den ordentlichen Klagweg verzichten muß. Allein dann würde das Hausrecht für jene Draußenstehenden nur wegen freiwilliger Unterwerfung gelten. Es gilt für sie aber unabhängig von ihrem Willen. Familienverhältnisse, die seiner Autonomie unterliegen, darf das Haus nach ihrer materiellen wie nach ihrer formellen Seite normieren. Auch die staatlichen Vorschriften über das Naturalisationsverfahren binden den Ausländer.

Ganz und gar nicht kann die Geltung der hausrechtlichen Normen über Ausschluß des Klagweges für Frau und Kinder, die noch nicht Mitglieder sind, damit begründet werden, daß man sagt, ohne dies träte die Möglichkeit ein, daß dasselbe Rechtsverhältnis von dem einen Gerichte, dem Schiedsgerichte, so und von dem Staatsgerichte entgegengesetzt entschieden würde.

Die Begründung wäre keine juristische, sondern eine solche der Zweckmäßigkeit. Daß zwei Organe das nämliche Rechtsverhältnis verschieden beurteilen, diese Möglichkeit ergibt sich auch sonst, ohne daß man hieraus folgert: also muß die eine Stelle für die Angelegenheit unzuständig sein. Die einzige zulässige Folgerung ist: das öffentliche Gericht wird gut tun, in analoger Anwendung von ZPO. § 148 die Verhandlung bis zum Erlaß des Schiedsspruches auszusetzen.

II. Natürlich erheben sich auch Stimmen, welche die Geltung der hausrechtlichen Schiedsgerichtsklausel für Nichthausangehörige bestreiten. Oertmann in seiner Denkschrift über: „Die standesherrliche Autonomie im heutigen deutschen bürgerlichen Recht", S. 56, hat gemeint, Draußenstehende müssen wohl die auf Grund des Hausgesetzes geschaffene konkrete Rechtslage, aber nicht die Hausgesetze selbst gegen sich gelten lassen. Allein es läßt sich kein befriedigender Grund dafür ausdenken, warum die Draußenstehenden wohl demjenigen, was durch das Hausgesetz bewirkt wird, nicht aber dem Hausgesetze selbst unterstehen sollen.

Eine andere Erwägung ist dann die: ein Rechtsverhältnis, an dem Mitglieder des Hauses und andere beteiligt sind, muß notwendig einheitlich festgestellt werden; also ist nur ein Doppeltes möglich: entweder sind auch die anderen dem Schiedsgerichte für das Hausmitglied unterworfen, oder das Hausmitglied ist in dem Falle von der Schiedsbarkeit befreit und untersteht ebenfalls dem ordentlichen Gerichte; da der Schiedsweg gegenüber dem Rechtswege die Ausnahme darstellt, muß der Rechtsweg den Vorzug haben. Allein es kommt nicht darauf an, wer streitet, sondern worum gestritten wird. Für die Familienverhältnisse gewährt EG. z. BGB. Art. 58 ein Vorrecht; dem Wesen von Familienverhältnissen entspricht, daß sie durch Familienschiedsgerichte entschieden werden.

Endlich wird das Bedenken erhoben: die Hausgesetze verlangen zumeist ein Schiedsgericht von Standesgenossen; Draußenstehende haben keine Standesgenossen, wenn sie nicht dem hohen Adel angehören; also hat für sie die Schiedsklausel nicht Geltung. Da ist übersehen, daß die Schiedsrichter nicht Standesgenossen der Streitsteile, sondern des Hauses sein sollen. Gemeint ist Entscheidung durch Persönlichkeiten, die in Angelegenheiten des hohen Adels das nötige Sach- und Lebensverständnis besitzen. Den Schutz gegen befangene Richter gewährt ZPO. §§ 1032 und 1045.

§ 15.

Die Wirkung des Schiedsspruches für Dritte.

Nach ZPO. § 1040 wirkt der Schiedsspruch unter den Prozeßparteien wie ein rechtskräftiges Urteil. Das heißt nicht, wie allgemein anerkannt wird: nur unter den Parteien. Jedenfalls wirkt der Schiedsspruch so weit, als der ihn in statthafter Weise Anordnende will. Darüber hinaus ist der Schiedsspruch so gut wie das Urteil für Dritte maßgebend, wenn nach den Vorschriften des materiellen Rechts ihre Rechtsstellung von der der Prozeßparteien abhängt. Das ist aber nach dem Privatfürstenrechte bei denen der Fall, die noch nicht Mitglieder des Hauses sind, es aber durch Anerkennung der Hausgesetzmäßigkeit ihrer Ehe mit einem Hausmitgliede, bzw. ihrer Abstammung von einem solchen werden wollen.

Zu unterscheiden ist dabei in der rechtlichen Konstruktion zwischen Erteilung des Heiratskonsenses und Anerkennung der Ebenbürtigkeit.

Die Erteilung des Hauskonsenses für die Ehe eines Familienmitgliedes behandeln die Hausgesetze als ein Rechtsgeschäft allein zwischen dem Hause und jenem Hausmitgliede, das heiraten will oder geheiratet hat. Seiner Ehe wird Hausgesetzmäßigkeit, d. h. wenn es sich um einen Agnaten handelt, die Fähigkeit, Mitgliedschaft für Frau und Kinder zu bewirken, verliehen. Der Vertrag, durch den bestimmt wird, daß eine Ehe nicht die Wirkungen einer hausgesetzmäßigen haben soll, wird mit Wirkung für das Haus nicht von den Braut- oder Eheleuten abgeschlossen, sondern vom Hause, und von diesem nicht auch mit der Braut oder Frau, sondern nur mit dem Manne. Herzog Adolf von Nassau versprach — s. darüber Rehm in der Festschrift für Laband, S. 24ff. — im Februar 1868, die Ehe seines Bruders Nikolaus zu ignorieren, d. h. für den Prinzen keine hausgesetzlichen Rechtsnachteile daraus abzuleiten, obwohl sie nicht genehmigt war, wenn der Prinz seinerseits gelobte: 1. dafür Sorge zu tragen, daß seine Gemahlin und eventuellen Kinder keinen nassauischen Familiennamen führen, 2. anzuerkennen, daß das Haus Nassau keinerlei Verpflichtungen gegen seine Gemahlin und eventuelle Nachkommen übernähme. Der Vertrag wurde ohne jedes Einvernehmen der Gemahlin abgeschlossen.

Die Entscheidung über die Hausgesetzmäßigkeit der Ehe berührt nicht nur die wesentlichsten Interessen des Hauses und des Hausmitgliedes, sondern auch der Draußenstehenden, die durch sie Mitglieder werden wollen; trotzdem gewährt diesen kein Hausgesetz einen Anspruch auf rechtliches Gehör vor und bei der Konsenserteilung. Dem Hausmitgliede wird die Hausgesetzmäßigkeit bestätigt und der Hauskonsens erteilt. Braut, Frau und Kinder erscheinen nur als Objekte des Konsenses.

Ich führe den Wortlaut eines Hausgesetzes an, das des fürstlichen Hauses Salm-Horstmar vom 5. Juli 1899. Hier heißt es in Art. 7, § 3: „. . . beanstandet ein in das Personalverzeichnis eingetragener Prinz innerhalb vierzehn Tagen nach dem Zeitpunkte der Behändigung der Mitteilung die Konsenserteilung oder die Standesmäßigkeit der Ehe, so entscheidet hierüber der nach Stimmenmehrheit erfolgte Beschluß des Familienrates. Der Agnat, um dessen Eheschließung es sich handelt, hat keine Stimme bei der Abstimmung abzugeben, ebensowenig der Fürst, falls es sich um seine Eheschließung handelt."

Von der Erteilung des Konsenses muß das Familienhaupt dem Agnaten, nicht aber der Braut oder Gemahlin Mitteilung machen. Und ebenso braucht er die Konsensverweigerung nur dem beteiligten Agnaten, nicht seiner Braut, Frau, Kindern kund zu geben. Diese haben kein Recht, beim Familienhaupte das Konsensverfahren zu beantragen. Selbst wenn das Hausgesetz vorschreibt, die Einwilligung zur Vermählung dürfe nur bei zureichendem Grunde vorenthalten werden, so besitzt nur das Familienglied das Recht der Berufung an den Familienrat oder ein Schiedsgericht. In dem Leiningschen Hausgesetze vom 23. Oktober 1897 § 25 lesen wir: „Glaubt ein Familienglied, daß ihm die Einwilligung zur Vermählung seitens des Fürsten ohne zureichenden Grund verweigert worden sei, so steht ihm die Berufung eines Schiedsgerichtes zu".

Aus dem allem folgt: die Braut oder Gemahlin und die Kinder haben kein Recht auf Verleihung der Fähigkeit an die Ehe, Mitgliedschaften zu begründen; eine Klage gegen den Chef des Hauses auf Erteilung des Hauskonsenses für die Ehe steht ihnen nicht zu. Ihnen gegenüber ist die Erteilung ein Akt freien Ermessens. Ihre Stellung zum Hause ist völlig abhängig von der ihres Agnaten zu ihm, so lange sie nicht selbst schon Hausmitglieder sind.

Anders als mit der Konsenserteilung steht es mit der Ebenbürtigkeit der Draußenstehenden. Sie ist ein Rechtsverhältnis derselben. Auf die Feststellung des Bestehens ihrer Ebenbürtigkeit können sie selbst Klage vor Gericht oder Schiedsgericht erheben — ob der Schiedsweg möglich oder gar allein statthaft ist, bestimmt sich nach Hausrecht —; daraus folgt aber noch keineswegs, daß dieses Rechtsverhältnis nicht zu den abhängigen gehört.

Bisher war kein Anlaß, die rechtliche Natur der Ebenbürtigkeit zu untersuchen. Man nennt sie landläufig ein Recht. Auch wir haben es getan. Aber dabei darf nicht vergessen werden, daß es üblich ist, auch rechtlich geordnete Fähigkeiten als Rechte zu bezeichnen. Ich erinnere nur an das passive Wahlrecht. Es ist kein Recht, gewählt zu werden. Ebenso gibt die Ebenbürtigkeit keinen Anspruch auf Aufnahme in ein hochadeliges Haus.

Die hochadelige Ehe unterscheidet sich, wie schon bemerkt, in ihren privatrechtlichen Wirkungen von der gewöhnlichen dadurch, daß sie nicht nur Rechte und Pflichten gegen den Ehegatten, sondern auch Pflichten und vor allem Rechte gegen eine Genossenschaft begründet. Dem hochadeligen Hause werden durch eine solche Ehe große Lasten auferlegt. Sie begründet Nachfolgerechte in das Hausgut und andere vermögensrechtliche Ansprüche. Sie gewährt bestimmte Titel und Prädikate und Eigenschaften. Daraus folgt schon, daß die Ebenbürtigkeit keinen Anspruch auf Aufnahme in ein hochadeliges Geschlecht bedeuten kann.

Wenn die deutsche Bundesakte sagt: „Den mediatisierten Häusern bleibt das Recht der Ebenbürtigkeit in dem bisher damit verbundenen Begriffe“, so ist damit nicht gemeint, die anderen hochadeligen Häuser haben die Verpflichtung, Mitglieder des standesherrlichen Adels in ihren Hausverband aufzunehmen — auch das Recht der Gewissensfreiheit gewährt keinen Anspruch auf Aufnahme in eine Religionsgemeinschaft —, sondern Recht der Ebenbürtigkeit bedeutet nur rechtliche Fähigkeit, aufgenommen zu werden. Die Hausgesetze sind nicht in der Lage, dem Mitglied eines standesherrlichen Hauses diese Fähigkeit abzusprechen, aber sie sind befugt, die Aufnahme von weiteren Bedingungen abhängig zu machen; z. B. kann in ihnen erklärt werden, das Mitglied eines standesherrlichen Hauses soll nur dann für Angehörige der Familie ehewürdig sein, wenn das Haus, aus dem es stammt, für die Standesmäßigkeit der Ehe dieselben strengen Erfordernisse aufstellt.

Selbstverständlich vermag die Ebenbürtigkeit von Personen aus anderen Familien als solchen des deutschen Hochadels niemals ein Recht gegenüber dem Hause zu bilden, denn sie beruht nicht auf staatlicher, sondern nur auf autonomischer Rechtsnorm.

Die Ebenbürtigkeit ist des weiteren aber in bezug auf ihre Entstehung keine absolute, sondern eine relative Fähigkeit. Jedes Haus ist in der Lage, die Ebenbürtigkeitserfordernisse anders zu bestimmen. Es kann sogar die Zugehörigkeit zum Adel als Erfordernis der Standesmäßigkeit streichen. Die Auffassung darüber, was für die Erhaltung des Hausansehens dienlich ist, können auseinander gehen. Fremde Ebenbürtigkeit kommt deshalb, wenn es sich um Ehen handelt, die Aufnahmefähigkeit in das Haus begründen sollen, nur als Aufnahmevoraussetzung in Betracht. Dadurch liegt der Schwerpunkt beim Hause. Ist deshalb die Aufnahmefähigkeit einer Person für das Haus bereits rechtskräftig entschieden, so hat dies auch für sie rechtliche Wirkung. Insoweit, als die Ebenbürtigkeit einer draußenstehenden Person für die hochadelige Familie rechtlich nur in ihrer Eigenschaft als Voraussetzung der Hausgesetzmäßigkeit der Ehe ihres Familienmitgliedes in Berücksichtigung zu ziehen ist, ist sie von dem Rechtsverhältnisse eines Hausmitgliedes abhängig. Daher gilt: die Frage des Bestehens oder Nichtbestehens der Ebenbürtigkeit der Draußenstehenden bildet den Bestandteil eines Hausverhältnisses. Ist über sie gegenüber dem daran beteiligten Hausmitgliede entschieden, so bindet der Schiedsspruch darum auch die Draußenstehenden, die an dem Hausverhältnisse beteiligt sind, also Braut, Gemahlin, Kinder.

Dritter Teil.

Die Beachtung der Rechtsgrundsätze in den Hausgesetzen.

§ 16.

Der Ausschluß des Rechtsweges.

Unsere Aufgabe ist nicht, eine systematische Darstellung der Bestimmungen der Hausgesetze über Familienschiedsgerichte zu geben. Wir prüfen nur die Frage, ob die Vorschriften der neueren Hausgesetze über Schiedsgerichte sich in den Grenzen der reichs- und staatsgesetzlichen Normen bewegen.

Zunächst die Frage, ob die Familienstatuten da, wo sie vom Schiedswege reden, die Wahl zwischen ihm und dem Gerichtswege lassen wollen. Das tun sie dem Zwecke der Schiedsgerichtsklausel gemäß nicht. Gewöhnlich lautet der Satz: „Alle Streitigkeiten zwischen Angehörigen des Hauses über das Stammgut, die Apanage, Deputate und Wittümer sowie über die Standesmäßigkeit der Ehen sollen mit Ausschluß des Rechtsweges durch ein Schiedsgericht entschieden werden". So lesen wir z. B. in Art. 26 des Wied'schen Hausgesetzes von 1908. Eine Abweichung zeigt das Haus- und Familiengesetz des Geschlechtes Castell vom Jahre 1861. Hier heißt es in § 47: „Den Häuptern des Hauses steht die Entscheidung über die Standesmäßigkeit zu. Ihre Entscheidung für die Standesmäßigkeit kann nicht angefochten werden. — Im Falle die Häupter nicht einig sind, oder die Einwilligung unbillig verweigern, kann auf ein Schiedsgericht, jedoch nur aus Standesgenossen, angetragen werden". Allein der Zusammenhang zwischen beiden Absätzen ergibt, daß auch hier der Rechtsweg ausgeschlossen sein soll. Der Hausgesetzgeber sagt: Die Entscheidung für die Standesmäßigkeit ist unanfechtbar, sowohl im Schieds- wie im Rechtswege, jedes andere Verhalten der Häupter ist anfechtbar, aber lediglich im Schiedswege.

Nur als fakultative Einrichtung erwähnt von den neueren Hausgesetzen das Schiedsgericht die erneuerte Revision der fürstlich Oettingen-Wallersteinschen Hausgesetze vom 24. Juni 1866. Sie bestimmt in Titel 15, Art. 7: „Wenn sich Streitigkeiten zwischen dem Haupte und den

Mitgliedern des fürstl. Hauses oder zwischen letzteren unter sich ergeben, so sollen dieselben vor allem an die unbeteiligten Mitglieder zu dem Zwecke gebracht werden, um die Sühne zu versuchen, und wenn dieselbe fruchtlos wäre, die streitenden Teile zur Wahl eines Schiedsgerichts zu bewegen. Sollte auch dieser Versuch scheitern oder wegen Beteiligung aller eine Vermittlung überhaupt nicht möglich sein, so soll dem ordentlichen Rechtswege Lauf gelassen werden".

§ 17.

Die Gegenstände der Schiedsgerichtsbarkeit.

Die Rechtsverhältnisse, die dem Schiedswege unterworfen werden, zählen die Hausgesetze jetzt im einzelnen auf. Am Schlusse folgt gewöhnlich die Generalklausel: „Das Schiedsgericht ist kompetent für die Streitigkeiten, die über die Auslegung der Primogeniturordnung oder dieses Hausgesetzes entstehen". Soweit Streitigkeiten innerhalb des Hauses in Betracht kommen, ist damit ein bestimmtes, einzelnes Rechtsverhältnis gekennzeichnet, denn Primogeniturordnung und Hausgesetz betreffen das Mitgliedschaftsverhältnis.

In allen Hausgesetzen mit obligatorischen Schiedsklauseln bildet einen und zwar den ausführlichst geordneten Gegenstand des Schiedsweges der Streit über die Hausgesetzmäßigkeit und damit auch über die Ebenbürtigkeit der Ehen der Hausmitglieder. Alle sehen darin also etwas Verzichtbares, die Hausgesetze von Giech, Solms-Laubach, Stolberg-Wernigerode, Stolberg-Rossla, Bentheim und Steinfurt, Leiningen, Wied, Castell, Erbach-Erbach, Salm-Horstmar, Hohenlohe usw.

§ 18.

Die Personen der Schiedsgerichtsbarkeit.

Fast alle neuen Hausgesetze schreiben ausdrücklich den Schiedsweg nur vor für Streitigkeiten zwischen den Angehörigen des Hauses, sein Haupt als Vertreter eingeschlossen. Eine Ausnahme machen das Leiningische und das Casteller Hausgesetz. Das erstere bestimmt in § 23 für die Frage der Ausscheidung des Privatvermögens eines verstorbenen Stammgutsinhabers vom Stammgute: „Wenn über die Eigentumseigenschaft eine Einigung zwischen dem Stammgutsnachfolger und dem Privaterben nicht stattfindet, so soll ein Schiedsgericht endgültig entscheiden". Privaterben können auch Nichtmitglieder sein.

Aus dem Casteller Hausstatute von 1861 kommt der früher erwähnte § 47 in Betracht. Hier heißt es ohne Einschränkung auf Hausmitglieder: „Im Falle die Häupter nicht einig sind oder die Einwilligung unbillig verweigern, kann auf ein Schiedsgericht angetragen werden". Also sind auch die Draußenstehenden, die ihre Ebenbürtigkeit behaupten, auf den Schiedsweg angewiesen, wenn sie das Verhalten der Häupter, sei es beider oder eines, anfechten wollen.

Über die Wirkung des Schiedsspruches auf Dritte enthalten die Hausgesetze naheliegenderweise nichts.

Alles in allem erhellt, daß die Hausgesetze sich in den Bahnen des geltenden Reichs- und Landesrechtes halten.

FSC
www.fsc.org
MIX
Papier | Fördert
gute Waldnutzung
FSC® C083411

Kolibri 360 GmbH
Ferdinand-Jühlke-Straße 7
99095 Erfurt, Deutschland
produktsicherheit@kolibri360.de